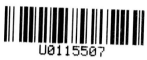

文史哲學集成

李義山詩研究

黃盛雄 著

文史哲出版社 印行

李義山詩研究 / 黃盛雄著. -- 初版 -- 臺北市：
文史哲, 民 105.01 印刷
頁; 21 公分 (文史哲學集成;173)
ISBN 978-957-547-206-1 (平裝)

文史哲學集成 173

李義山詩研究

著者：黃盛雄
出版者：文史哲出版社
http:// www.lapen.com.tw
e-mail：lapen@ms74.hinet.net
登記證字號：行政院新聞局版臺業字五三三七號
發行人：彭正雄
發行所：文史哲出版社
印刷者：文史哲出版社
臺北市羅斯福路一段七十二巷四號
郵政劃撥帳號：一六一八〇一七五
電話886-2-23511028 · 傳真886-2-23965656

實價新臺幣三六〇元

一九八七年（民七十六）九月初版
二〇一六年（民一〇五）一月（BOD）初刷

ISBN 978-957-547-206-1 00173

李義山詩研究　目次

第一章 緒 言

第一節 研究的動機

李義山（商隱）是晚唐詩人之中，藝術成就最高的一位。而且，隨著美學、修辭學、文學批評等學問的發展，義山詩歌的價値也逐漸被開發出來。他的藝術寶庫似乎有無盡的含容，新知識愈多，新發現的瑰寶也愈多。他的詩藝不但已受肯定，更逐漸隨著研究知識、研究方法的進步而益形提高。他的詩，至今還充滿神秘的魅力，吸引著我們去繼續研討。

義山在文學史上，前有所承，後有所啓，而已有所立。義山的詩歌藝術上承屈原委婉的深情、象徵比託的筆法、縹渺奇特的詩境；學習了六朝綺麗的語言與細膩的思情；汲取了杜甫的忠藎誠摯、風格沈鬱，尤其是律詩的高度技巧；感染了李賀詩境的奇詭幽淒，及奇妙的氣氛營造。義山影響後人最著的，是宋人楊億、劉筠爲代表的西崑體，及王安石、黃庭堅，衆所周知，王、黃二家的詩歌藝術在文學史上是佔有相當地位的。

義山自己最大的特色，在內容上說是創寫了無題詩，是我國豔情詩的代表作。他已繼左思、杜甫、杜牧之後，發展了詠史詩。又以大量用比興的手法，創造了詠物詩的自我色彩。由形式上說，他最大的成就是七律和七絕。他繼承杜甫律詩的成就，而將其發展得更成熟，他的題材雖不如杜甫廣大，但他寫得更深更細，曲折動人，尤以抒寫豔情，在傳統詩人而言，堪稱一絕。他的七絕繼名家如王昌齡、李白、劉禹錫之後，而另闢蹊徑，以議論入詩，往往以巧妙的立意、俊美的語言，在諸名家之後獨立一幟。

義山之被人所賞愛的歷程，也正是文學界眞正認識詩之本質的歷程。我國的詩歌，本著特有的抒情傳統，它是以美好的語言，傳達作者的感情，而對讀者產生渲染、感發的作用。讀者與作者的感通，繫於對作品詩境的直覺，原不須透過太多外緣的知解過程。譬如愛情詩，讀者所該重視的是詩中的感情世界及寫作藝術，而不是追尋作者經歷的具體事件。但是，以往對詩篇的欣賞，常常習慣的要經過一個知解的過程，而過多的「作意」與「本事」有時對欣賞反而造成一種負擔，甚至降低或減損了作品本身的感發作用。而義山詩的表現技巧常與傳統不合，他隱晦的語言所造成的曲折詩境，使人對他許多詩的作意與本事無從捉摸，於是而有晦澀之譏。但是，當人們對詩的本質逐漸認清之後，義山這種「強迫」人們直尋眞情的表達藝術，不但去掉了欣賞者的負擔，而且使欣賞時心意更專、效果更著。尤其在美學、修辭學、文學批評興起後，這些學識引導人們透過高度的寫作藝術、追尋作者的感情世界，以品味詩歌的美感，這正與義山的表達宗旨相合。於是，這些學識發展得愈好，所發現義山的優點也就愈多。義山詩到今天還値得繼續不斷研究的原因即在此。

筆者在學校講授義山的詩，義山在詩歌形式上的美，使我讚歎、景仰，他賦含在詩歌中的生命特質也頗與我的生命契合。感於義山的詩藝雖已爲當世肯定，但是不了解他甚至誤會他的還是難免。尤其在研究觀念上，有些人還是立基不穩，或者研究原則有所偏差。於是，透過較明確的觀念、運用較妥切的方法，闡釋義山的詩歌藝術。消極方面，是匡正一些偏差；積極方面，則是希望重現義山詩藝的風貌，以突顯義山一生忠於藝術的精神。這些事，對於一個自己心儀的古人來說，筆者始終有著不容自已的情懷！

第二節　研究的範圍與原則

本文以李義山的詩爲研究對象，根據的版本，是清人馮浩的「玉谿生詩集箋注」，台北里仁書局排印本。明清人註釋義山詩者，如釋道源、朱鶴齡、程夢星、姚培謙、屈復、馮浩等，其中以馮浩注爲晚出，頗能融合前人的成果，較爲詳備。而里仁書局出版的馮注，依其「出版前言」所載，乃是「據馮浩德聚堂乾隆庚子重刻本爲底本，並參照嘉靖本、汲古閣本、影印錢謙益手抄宋本，朱鶴齡本及馮氏德聚堂初刻本校改，加以整理出版」，版本較爲可靠。馮本收義山詩三卷凡六百零一首，其中有九首爲附錄（乃別家詩之誤入者），另有補遺一首。

本文的研究秉持著下列三個原則：

一、本文重在探討義山詩的特色。因此，選取義山的詠史、豔情、詠物三類具有代表性的詩作專章的闡述或批評。

二、本文在作詩的分類或討論時，根據的基礎是作品的詩境。對詩篇「作意」、「本事」、「言外之意」等探究，採取較爲審愼的態度。

三、本文研究的主要目標，在義山的詩歌藝術。因此，重在詩歌本身的「內在」研究。至於詩歌的「外緣」研究，如作者生平、時代因素等，乃運用前哲或今賢的研究成果，本文這方面的研究從缺。

以下，對三個原則作個簡單的說明：

首先說明第一個原則：

義山是一位深情的詩人，又有多彩的文筆。他的詩在政治、豔情、感遇、唱酬、詠物各方面皆有佳作，有許多且早已播諸人口，錄之選集。然而，細加研討之後，我們發現政治詩中的詠史部分，蘊含著義山不凡的歷史智慧，是其他的詩人所少有的。而且，在寫作藝術上說，他能在左思、杜甫、杜牧之後，而又有發展，在詠史詩的發展史上佔有重要的地位。其次，是豔情詩。在文人情詩並不發達的中國詩壇，義山的豔情詩以意旨迷離、詩境朦朧而突顯了他的特色，「無題」諸詩的深情美辭，幾乎人人賞愛，豔情詩無疑的是義山的代表作品。又其次，是詠物詩。義山的詠物詩過去較不爲人所注目；然而，它內容的豐富性也是詩中少有的。義山運用巧妙的比興和象徵，在小小的物中，展現了物的精神內含，並且寄寓著自己對社會或人生的種種感觸或思想。由於詠物詩具有物的遮護作用，詩人不能或不願放心直言的題材，尤其是有關自身遭遇和豔情方面的，有時會藉詠物以出之。詠物詩中隱含詩人的心靈世界因此最爲完整。研究他的詠物詩，除了詠物本身的藝術之外，還能根據它，和自傷、豔情等詩篇相通，使我們對義山詩的探究因此更爲深刻。由以上敍說，可以看出詠史、豔情、詠物詩，不管在內容上或形式上說，都最能代表義山詩歌藝術上的成就，本文立專章加以闡論，並作爲討論義山詩的三個基柱，其原因即在它們具備的代表性。

至於義山其他的優秀詩篇，本文雖不立專章，但是在上述三章的討論中，在思想內容和寫作藝術上有相通之處，我們則將他類詩篇拿來共同討論，以作爲論證的材料。並在最後一章總論中，將義山的作品作一綜合的探究。由於三個專章的代表性，加上總論的綜合性，交錯運用之下，已能涵蓋義山詩歌藝術的全貌。

其次，說明第二個原則：

義山的詩，由於有很多是語言隱晦、詩境曲折朦朧的。加上義山的身世寒蹇酸楚、政治環境又多挫折。詩歌本身的曖昧性和多義性，加上作者一生的蒼涼多感，義山的詩篇經後人不同角度的註解，所產生的差異極大。如果沒有一個定位，便缺乏討論的基礎，如此的研究，容易牽附和滑動，所得的成果也就失掉意義。

本文所採取的定位，是依據語言所展現的基本詩境爲討論的基礎。基本詩境展現的是詠史，便歸入詠史；是豔情，便歸入豔情，餘者類推。例如其陳後宮云：

玄武開新苑，龍舟讌幸頻。渚蓮參法駕，沙鳥犯勾陳。壽獻金莖露，歌翻玉樹塵。夜來江令醉，別詔宿臨春。

此詩由基本詩境說，是詠史詩。題爲陳後宮，而立玄武湖、龍舟讌幸、玉樹後庭花之曲、江令（總）、臨春閣都是陳後主或南朝時的事物、人物，這詩以古爲題材，自然是詠史詩。但是，馮浩引徐樹穀說，認爲是「爲敬宗而作」，並舉唐敬宗時史事爲證。如依此說，則此詩爲時事詩，是以義山生平時事爲題材的。本文歸類時，即根據基本詩境，定其爲詠史詩。爲什麼這樣定呢？我們以爲根據陳後宮的題目與內容看來，其描寫陳後主荒淫生活的條件已經完足，說它是詠史詩，合情合理。至於徐樹穀爲本詩找出「本事」，且有史事作證，我們並不反對其可能性；但是，它不是必然的，如果有其他君王的生活類似陳後主，也有可能加以牽附。詠史詩常有借古諷今的用意在內，諷今的「今」可能有很多解釋或猜測，因此，它不必然，也不確定；而借古的「古」，却是必然的、明確的。二者加以思考，應該以基本詩境爲討論基礎的道理是很明顯的。根據這個原則，我們將義山的大部分無題詩歸入豔情詩，將亂石、槿花、鳳等歸入詠物詩，儘管它們「可能」另有寄託，乃至深遠的寄託，我們定位的原則還是不變。

我們在上面所說的，是爲詩的內涵作基本的定位。並不是說這首詩除此之外，就沒有別的內涵。詩歌的內涵是豐富的、多義的，我們自然不能忽略它的「言外之意」。義山的很多詩中都存有寄託——

所謂「楚雨含情皆有託」，我們在較明確的線索下，也會討論作者心中的寄託。但是，我們審慎的認爲它只是「可能」的，不是「必然」；而且，它也不妨害原詩的基本詩境。

再次，說明第三個原則：

本文研究的主要目標，在探討義山的詩歌藝術。重點放在作品的「內在」研究，第二、三、四章就義山詠史、豔情、詠物各類詩，於內涵及形式上分別加以探討。第五章是總論，是根據前三章的成果，參考義山他類優美詩篇所作的總結。至於義山詩的「外緣」研究，本文未立專章，其理由，一是爲了專注於詩藝，二是有關義山的時代及身世，前人如朱鶴齡、馮浩，近人如張爾田先生等的研究已有相當的成果，尤其是長於史事的馮浩，其玉谿生年譜繼承朱鶴齡、程夢星、徐樹穀的成果，加上自己的淵博的考證，義山的年譜已大致訂定。及至張爾田先生，依據馮浩年譜，對義山身世的考定用力尤勤，對於義山的受知令狐、就婚王氏、及晚年的遊踪都詳加考定。尤其在黨爭之中，義山身受排擠的遭遇及窮困飄泊的生活，張譜都有詳盡的考察。其內容較馮譜爲詳，而推論義山生卒，只比馮譜推早一年，可見二家見解的相近，也說明張譜已經很接近眞實。今人楊柳先生，根據馮、張二家的成果，加上自己的考訂和潤色，寫成了李商隱評傳，融合作品於義山的生平之中，流暢可讀。關於義山生平的研究，至此大體已定，後人的工作，恐怕只有小幅修正或補遺的可能了。本文於是以前賢及今人的研究成果爲基礎，去探討義山的詩。

至於主導義山創作的根本—義山的心靈世界，則前人的研究未必能滿足今世，而且，由於角度的不同，觀點的差異、學識的增進……研究的層次會有不同，成果也會不同，今人在這方面還有廣大的研究領域。本文在義山詠物詩研究的部分，立有專節研究義山的心靈世界，以詠物詩爲主要資料，而以時事、詠史、豔情、感遇各類詩爲輔，配合前人研究義山身世的資料，審愼的加以探究。心靈世界的探究成果，使我們詮解義山詩時，有較客觀的依據，並在闡論義山各類詩的關係時，得以有內在會通的較可信的資料。

第三節 本文的結構及完成的經過

本文凡分五章：第一章緒言，第二章李義山的詠史詩，第三章李義山的豔情詩，第四章李義山的詠物詩，第五章李義山詩藝總論。附錄二篇，附錄一是李義山的無題詩研究，無題詩的主要內容是豔情詩（以基本詩境論），附錄一等於第三章的一部分，不過是以專題爲研究目標而已。附錄二是李義山詠物詩中的柳，是爲第四章詠物詩的研究舉一例。因此，二篇附錄與主文的關係是非常密切的，它們是本文結構中的部分。

本文於授課餘暇寫成，由於沒有時間將其一氣呵成，因此，它是分段完成的。其中，李義山的無題詩研究曾刊登於中師學報第十三期，李義山詠物詩中的柳曾刊登於中師學報第十四期，李義山的詠物詩曾刊於古典文學第九期。歲歷綿長，滴滴心血，亦頗自珍。然而，知識日新月異，有關義山的研究亦當運用新知高識，才能推陳出新。筆者自珍而不敢自滿，其有不逮，虔盼方家有以匡正之。

第四節　內容提要

本文以「李義山詩研究」爲題，全文共分五章完成，並附錄二篇。

第一章緒論。此章敍述本文的研究動機、範圍，研究的基本態度及原則，本文的結構及完成的經過，並作簡明的內容提要。

以下，選取義山最具代表性的三類詩——詠史、豔情、詠物，加以探討。探討之時，內容與形式並重，對各類詩內容與形式的精華，盡可能作明晰的敍說和評論。並以其詩歌藝術爲核心，透過各類詩之間的錯綜觀察，擬對義山的詩藝有整體的認識。

第二章李義山的詠史詩。詠史詩是義山政治詩的代表作。首論義山的取材與寫作旨趣，爲次節義山的歷史智慧作基礎。義山的歷史智慧，是其詠史詩內容的精華，義山拈出「成由勤儉破由奢」、「莫恃金湯忽太平」二詩語作爲歷史的解釋，將歷史上的盛衰興亡的關鍵定在人的運作上，不是天時，亦不是地利。因此，對帝王的奢縱、南朝的恃險，均予以諷刺或斥責，發揮了詠史詩的諷諭之意。最後介紹寫作藝術，諸如多用七絕、重場景佈置、時空交織、詠史與感時結合，善用史家文筆而又能超越等特點，而達成實用性、時代性及藝術性的要求。

第三章李義山的豔情詩。義山豔情詩是最能代表其藝術特色的作品。首先特別標舉研究的方法，以止爭議。其次敍述影響義山豔情詩的內外諸因素。進一步論述義山的豔情世界，將義山心中愛情的理想性、對愛情的生死執著、細緻深刻，及在現實挫折之後，體悟到的變幻無常、憾恨涼冷，乃至豔體詩中的浮蕩粗略及感官性都有詳細的論述。最後論及義山的寫作藝術，說明義山善於運用穠麗、冰冷感的語言寫愛情的歡與悲，以隱晦語、比興與象徵、典故與神話、深微的寄託等方法，造成詩境的繁富多彩。

第四章李義山的詠物詩，首先分析其取材。其次論其寫作藝術，以詠物詩的三個層次：描寫物象、寄寓普徧的人情、寄寓自我的性情爲依據，論義山的詠物詩雖工於比興，達於寫作藝術的上層，但是略於賦物，是其所缺。最後述義山的心靈世界，由其詠物詩中尋繹，並以他類詩爲輔助材料建構而成，以作爲研究義山詩的根本依據。

第五章李義山詩藝總論，是總結前面二、三、四章的研究，並以他類詩爲輔助而寫成。計分兩部分，第一部分是藝術性的探討，第二部分則是思想內容的探討，其中除參考前哲今賢的意見外，也表達了筆者的看法。

附錄一是李義山無題詩研究，透過基本詩境的分析，我們發現無題詩主要是描寫愛情世界。附錄二是李義山詠物詩中的柳，是研究詠物詩中個別物的一例。二篇雖屬附錄而「終入環內」，仍是本文系統中的一部分。

第二章　李義山的詠史詩

第一節　前言

李義山的詠史詩，立意高妙，加上用筆絕麗、布局工巧，讀後有特殊的感受。因此，很受重視。作品受到重視，則緣之而起的評論自然也多。前賢如施補華云：「義山七絕，以議論驅駕書卷，而神韻不乏，卓然有以自立，此體於詠史最宜。」（註一）由議論義山七絕中，間接爲其詠史詩作了評價。沈德潛則云：「義山近體……詠史十數章，得杜陵一體。至云：但須鸑鷟巢阿閣，豈假鴟鴞在泮林，不媿讀書人持論。」（註二）又云：「詩有當時盛稱而品不貴者……李商隱之薛王沈醉壽王醒，此輕薄派也。」（註三）皆就義山詠史詩中的思想性有所褒貶。

近人吳調公先生則就表達之精簡、詠史與詠懷古迹融成一氣，及題材多取失國及變亂三方面論及義山的詠史詩。（註四）方瑜先生將義山詠史詩按時代與主題予以區分，看出義山偏重主觀意識之批評、同情文人才士、珍視愛情、善於組織素材、多用七絕等特色。（註五）

在這些研究成果中，或就立意、或就選材、或由作法、或由藝術成就各方面，對義山的詠史詩多所闡發，爲後來的研究打下良好的基礎，足爲義山之功臣。此外，要開拓園地，宜由探討其歷史「同情」、歷史智慧，及對其藝術筆法作更細微之分析入手。

詠史詩以史事爲題材，是詩人心境上時間的縱深。詩人由抒情寫志進而關心古人，並從發思古幽情到與古人同其情懷，引古人之成敗爲自己行事的參考。因此，詠史詩不以描寫史事爲滿足。作者在感情上，須與古人「同情」，休戚相關，賦詩時投入古人的時空之中，這樣的詩才有同甘共苦的情味。在理智上，則須拔出古人之外，冷靜的觀察古人的成敗得失，以爲今人的鑑戒，這樣的詩才有提振世人或規箴世人的作用。所以歷史的「同情」與歷史的智慧，都是詠史詩的要素。這方面，義山的詠史詩都已具備，而有待我們去做更深入的探討。

由另一角度說，詠史詩以史事爲題材，却不能寫成史傳或史評，它必須是「詩」，必須含有詩的因素。其關鍵之處，即是要有高度的藝術技巧來表達。義山抒情詩的藝術水平已受到學界的肯定，而他的詠史詩同樣有高度的藝術水平，前述吳、方二先生已有扼要的敍述。如果，再由風格、修辭等角度作細部的探討，則義山詠史詩的藝術，會有更鮮明的風貌。

本文即試著由義山對歷史的「同情」與智慧、詩的藝術兩個角度，探索其詠史詩。

第二節　取材與寫作旨趣

首先，我們將探討義山詠史詩的取材及寫作旨趣。

歷史的素材，浩如烟海，不是一人之詩所能盡詠，故必經過選擇。以有限的創作條件，面對幾乎無限的題材時，作者選材的廣度與方向，與其創作心靈有密切的關係。至於寫作之時，作者心態的積極或消極，懷持的理想性如何？更可看出其心靈的特徵。

簡單的說：詠史詩的選材與寫作旨趣，不但可以看出作者的人格，其關懷古人的胸襟，也於茲顯現。

一、取材概述

義山詠史詩的取材，從吳、楚、秦、漢、三國、晉、南北朝、到唐代，前後涵蓋一千三百餘年（按：由吳王夫差元年起算，至義山出生前爲止）。

其中，義山偏重的時代，一是楚襄王時，襄王、屈原、宋玉是描寫的重點。二是漢武帝時，武帝、司馬相如、李廣、東方朔、李夫人、陳皇后、蘇武是描寫的重點。三是南朝與隋時，齊東昏侯與潘妃、梁元帝與徐妃、陳後主與張麗華、及隋煬帝是描寫的重點。四是唐玄宗時，玄宗、楊貴妃、壽王是描寫的重點。而吳王夫差、漢初的高祖及賈誼、蜀漢的諸葛亮、魏的曹植、晉的阮籍、梁的任昉、北齊後主與馮淑妃亦皆在義山的作品中出現。（註六）

二、取材的方向

由義山的取材中，可以看出，其注意的方向，大多是政治、社會、人生的陰暗面。國家的衰亡、帝王的墮落、文人才士的湮鬱、婦女的悲劇，屢屢在義山的詠史作品中出現。茲分「人」與「事」二類言之：

1.以「人」而言

義山筆下常出現中衰或末世的帝王，如吳王夫差、楚襄王、（南）齊東昏侯、梁元帝、（北）齊後主、陳後主、隋煬帝等。漢武帝之由盛轉衰，唐玄宗之幾乎亡國，義山對他們皆曾多用筆墨。

義山對不如意的才士文人，於其懷才不遇，尤有深切的關懷。如屈原、賈誼、李廣、曹植的抑鬱不伸，義山皆反復慨歎，如同身受。

諸葛亮的道德與事功，爲義山所欽仰。然諸葛亮終是孤身奮鬥，亮亡而蜀亦繼亡，復興漢室的壯志未酬，義山對此點尤有感痛。

對於史上的悲劇婦女，如漢武李夫人、王昭君、甄宓、楊玉環等，美於才貌，而薄於福命，義山亦透過詩歌，描寫她們的憾恨。

2.以「事」而言

義山作爲吟詠的題材，大多是政治層面發生的事，而且多與衰亡有關。另一特殊的題材，是義山好寫史上人物的愛情故事。

義山詩中，對末世帝王墮落的生活，描寫得特別仔細，暗暗點出：墮落是危亡的前兆。如吳王夫差的散漫、楚襄王之迷於神女、（南）齊東昏侯之淫亂、（北）齊後主之惑於色、陳後主之無禮多欲、隋煬帝之奢侈淫靡、漢武帝之宴遊好色、唐玄宗之亂禮荒淫，是義山詩中反覆出現的題材。詩人的警世用意至爲明顯。

其次，對才士文人的困厄，如屈原的被貶、商山四皓的有功無酬、賈誼不得其用、李廣之見廢、諸葛亮壯志未酬，義山也用很多的篇幅、細膩的心思加以描寫。並且，在精神上與前事（帝王墮落）相應，點出賢人的不遇，是時代的損失，君之所以「昏」，疏離賢人是主要的原因。

至於吟詠史上人物的愛情故事，是義山的偏嗜，如楚襄王的巫山神女、曹植與甄宓、唐玄宗與楊貴妃的悲歡離合，在義山深情的筆調之下，幾乎作了鮮明的「重現」。

三、取材的旨趣

義山寫作詠史詩，不是爲抒發文人一時的懷古情緒。他是深深投入古史之中，把古事當今事看，將古人的苦樂當成自己的苦樂。古今合一，休戚與共。因此，其寫作旨趣乃基於崇高的人道精神，且富於思想性。茲分述如下：

1. 對禮制之重視

中國人特別重視禮，且將禮由「正身」（語本荀子修身篇），進而「爲國」（語本論語里仁篇），故有國有家者，不可不知禮。

禮用於政治和社會方面，便形成許多「制」。嚴守禮制，是維持和諧的基礎。禮制繁多，雖難盡論，但是，其維護君臣之義和男女之別，是極重要的兩個原則。荀子云：「夫貴爲天子，富有天下，是人情之所欲也。然則從人之欲，則埶不能相容，物不能贍也。故先王案爲之制禮義以分之，使有貴賤之等、長幼之差，知愚能不能之分，皆使人載其事而各得其宜，是夫群居和一之道也。」（註七）最能道出君臣有等，相守以義的所以然。而禮記則云：「男女有別，然後父子親，父子親然後義生，義生然後禮作，禮作然後萬物安。無別無義，禽獸之道也。」（註八）更認爲男女之別是禮義之始。故義山對這兩件事看得很重。

爲帝王者，縱情歡樂之餘，即有疏略君臣、男女之別者。義山陳後宮云：

玄武開新苑，龍舟讌幸頻。渚蓮參法駕，沙鳥犯勾陳。壽獻金莖露，歌翻玉樹塵。夜來江令醉，別詔宿臨春。

此詩描寫陳後主幸玄武湖，宴饗群臣。酒酣耳熱之餘，便失君臣、男女之禮防。史載陳後主使諸貴人及女學士與狎客共賦新詩，被以新聲，玉樹後庭花即爲其一。（註九）義山用「沙鳥犯勾陳」一語暗寓陳宮男女無別。又臨春閣乃後主之寢宮，江總醉後，詔宿臨春，豈非君臣無別？故馮浩引馮己蒼云：「參法駕者爲渚蓮，犯勾陳者爲沙鳥，醉而宿臨春者爲江令，君臣荒湎，備極形容。」（註一〇）義山所以「備極形容」，乃因爲陳後主荒廢了禮制，故以詩嘲諷。其維護禮制的用心，於此可見。

2. 推崇賢才

國家之事，繁雜紛冗。懂得治道的國君都是選舉人才，妥當運用，透過組織，使他們各盡所長，聚合爲整體的力量。驅羣策羣力以治國撫民，國君在從容悠閒之中，即可使政治步入軌道，順利運行。羣力勝於私智，是千古不易的治事原則，政治尤然。任賢的重要性實爲古今所共識。可是，在歷史上，現實的政治運作裏，國君能依此共識以任賢的情況並不多，反而常見「黃鐘毀棄，瓦釜雷鳴」。

讀史的人由於能看見歷史上較大幅度的興亡盛衰，對賢才影響時勢之理，尤爲了然。因此，賢人受厄的辛酸、國家遺賢的憾恨，讀史的人，感受最深。義山詠史詩中，對於諸葛亮的功業多所推許、敬佩，對於屈原、賈誼、李廣的不如意多所慨歎，即是爲整個社會著想，認爲他們的不遇，是社會的損失。換句話說，是從推崇賢才的觀念下筆的，如其賈生云：

宣室求賢訪逐臣，賈生才調更無倫。
可憐夜半虛前席，不問蒼生問鬼神。

本詩悲賈誼不爲漢文帝所重用，其著眼點在「不問蒼生」，是爲蒼生得不到賈誼而悲。義山推崇賈誼，是因他的才識足以造福蒼生。

3. 對歷史是非的辨析

史事是複雜紛紜的，對史事的價值判斷因之見仁見智。研究歷史的人，要有獨立的思考、清明的智慧及對廣大群衆的關心，才能對某件史事有高明確實的評價，以顯出歷史上的大是大非，而使歷史眞正對社會產生指導或警戒的作用。

義山之咸陽云：

咸陽宮闕鬱嵯峨，六國樓臺艷綺羅。
自是當時天帝醉，不關秦地有山河。

此詩寫秦得天下乃由於天帝所助，借神話爲題材，點出秦帝國的建立實有僥倖的成分，並非富國強兵、地形險要的因素促成。義山之深意，實由於秦以地險兵強，憑暴力以宰割天下，荼毒生民，而取得政權。秦國自以爲得計，後世認識不清的野心家亦有人起而效尤。然而，秦以暴力起，雍州之地、殽函之固依然，亦卒以暴力亡。義山詩中秦得天下出於僥倖的議論，正點出暴力不能保有天下的正理，以驚醒野心家們醉心於暴力的迷夢。

4.對帝王放縱私慾、製造罪惡的撻伐

帝王集天下權力於一身，權力易使人腐化。因此，帝王放縱私慾、製造罪惡的行爲，眞是史不絕書。而帝王「當神器之重，居域中之大」，和國政的關係非常密切，帝王貪慾往往是國家衰弱乃至滅亡的前兆。有心之士所以對其痛心疾首，是事出有因的。

義山之北齊云：

一笑相傾國便亡，何勞荊棘始堪傷。
小憐玉體橫陳夜，已報周師入晉陽。

此詩寫北齊後主惑於馮淑妃，寵幸無度，卒以亡國。

義山之驪山有感云：

驪岫飛泉泛暖香，九龍呵護玉蓮房。
平明每幸長生殿，不從金輿惟壽王。

此詩則以隱微之筆，寫唐玄宗之縱慾無極，甚至奪取兒媳壽王妃，敗壞倫常，罪惡滔天，而玄宗竟因此幾乎亡國。

義山詠史詩，對帝王貪慾關係國家存亡的意識非常強烈，除了前述北齊後主及唐玄宗外，對其他末世帝王墮落的生活，也反覆描寫，寄寓深意而多所撻伐。具有史家貶惡的道德勇氣。

由以上的探討，我們得知義山撰寫詠史詩，句含重禮制、崇賢才、辨是非、伐罪惡幾個旨趣。他希望後人對歷史能發揚其長處，捐棄其缺失。故義山詠史之一貫動機，即是懲惡勸善。

四、取材與寫作旨趣的探討

敍述過義山取材的方向及其寫作旨趣之後，我們若拿史家記載歷史的標準加以比較，我們可以看出義山詠史詩的特色是：

1.以歷史意義言——警戒性重於指導性

史通書事云：

荀悅有云：立典有五志焉。一曰達道義，二曰彰法式，三曰通古今，四曰著功勳，五曰表賢能。……今更廣以三科，用增前目。一曰敍沿革，二曰明罪惡，三曰旌怪異。（註一二）

以此標準而言，義山重禮制之精神近於荀悅之「彰法式」。推崇賢才即「表賢能」，辨析是非則是「達義」。撻伐帝王墮落的生活，正是劉知幾的「明罪惡」。而義山懲惡勸善之一貫動機，是以古鑑今，又同於荀悅的「通古今」。由此而言，義山詠史之旨與史官書事之旨，在精神上說，是相當契合的。

但是，義山詩呈現的歷史意義，警戒性究竟重於指導性。這可由兩方面看出來：

一是理想性的人物寫得較少，誠如吳調公先生所言：「李商隱咏史詩的題材多爲南朝和隋代帝王失國與唐代馬嵬之變……較少歌頌古代的正面人物、理想人物，如前輩詩人所讚美過的段干木、秋胡妻、荊軻、張良、揚雄、竹林七賢等人。」（註一三）

二是義山詠史雖有其積極意義，如重禮制、崇賢才等。但是所舉都是負面的事例，義山詩中既多造成國家危亡的君主，所致力描寫的又多衰敝難振的事蹟。後人讀之，警戒的意義多，而指導的作用少。換言之，義山詠史詩的意義，較偏於消極性。

2.對於歷史人物，寫抑鬱者多，寫飛揚者少，氣氛沈滯。

義山寫歷史人物，幾乎全由失意處下筆。英雄賦閒，才士廢放，與頹唐危亡的時勢相結合，因此全詩呈現著低沈的氣氛。

其實，義山筆下的人物，他們也曾有飛揚奮厲之時。如屈原雖見廢自沈，但他曾「入則與王圖議國事，以出號令；出則接遇賓客，應對諸侯。王甚任之。」（註一四）賈誼雖遭外放爲長沙王及梁懷王太傅，但他在朝廷時，以博聞爲諸老先生所服，超遷太中大夫，「諸律令所更定，及列侯悉就國，其說皆自賈生發之」，天子本擬用其爲公卿。（註一五）但是，義山皆就其失意處言之。即以諸葛亮而言，幸遇知己之主，如魚得水。雖格於局勢，未能復興漢室，而其兩朝開濟之功，實足以不朽。義山之籌筆驛云：「徒令上將揮神筆，終見降王走傳車。管樂有才眞不忝，關張無命欲何如？」賢者奮厲所得，在命運的播弄下，顯得薄弱而無奈。在這種筆調下，義山帶給我們的，是有材不遇或形格勢禁的慨歎。賢哲的事功未顯，歷史充滿了沈滯與鬱結。

3. 以事而言，寫政治方面者多，寫社會、文化者少，關懷面較狹。

前已述及義山多取政治方面的事蹟爲題材，其中以帝王及大臣之事最多。

其實，歷史足以入詩的題材甚廣。即以義山所曾取材的時代來說，如秦之坑儒、秦末之亂、漢之立五經博士、黃巾之亂、赤壁及淝水大戰等大事，義山均不曾言及，可見義山對歷史所注意的幅度不夠廣大。

4. 描寫古人愛情故事之詩篇不少，且爲深刻有致。

義山描寫愛情的詩篇，於量於質，在古詩人中可謂獨步。他的情詩雖然筆沈調緩，充滿悲劇性，

但是，一往情深的內涵、淒楚綺麗的文字，所引起讀者的反覆低廻，是其他詩人難以比擬的。（註一六）

義山於詠史之中，亦發揮了這方面的特色。義山能清楚的分辨歷史人物的惑色抑愛情，對有眞感情者，每寄以深切的關懷。義山在這方面呈現了兩個觀念，一是帝王將相的愛情生活，會直接影響到政治，如唐玄宗與楊貴妃之愛。二是帝王將相也是有血有肉的人，他們不因地位形象而影響其愛情生活。基於此，歷史人物的愛情故事，也是值得重視的一樁史事。而且，義山描寫這個題材，經常投身歷史之中，與古人的纏綿悲歡，共其休戚。其詩遂如親身的體驗而能深刻有致。

第三節　歷史的智慧

優美的詠史詩篇，必須具備兩個條件：一是啓引讀者發思古之幽情，二是在歷史中尋得意義，以爲鑑戒。

詠史的詩篇，或寫朝代的興亡，或寫才士、英雄、美人的不凡事蹟，或面對古蹟思及古人古事。其共同特色，是在時間的長流淘洗之下，再璀燦的功業與人生，都會逝去，無常無奈之感便因此充滿在詠史詩中。古人如此，今人亦然。今人在相同的情懷下，面對歷史，自會發思古之幽情。在時間之流裏，古今的疏隔因此消失，今人似乎可以面對古人，與古人溝通，與其休戚相關。換句話說：詠史詩使古今的距離縮短，關係密切。相對的，「古人不見今時月，今月曾經照古人」，面對現實時，世事無常、興廢無奈的感慨便格外深切。詠史詩特別會引起讀者天地悠悠、一身如寄之感覺者，其因在此。

但是，讀史止於感觸，總是不足。我們要進一步，在歷史中尋找生活的鑑戒。古人的成功，我們要學習；古人的失敗，我們要避免。詠史的詩篇更要在這方面下工夫，才能建立本身的特色。因此，要提高一層，將感觸轉化成智慧。

我們讀義山詠史詩，就要從上述兩個條件來探討其價值。以下，我們擬先從第二條件——歷史鑑戒入手，觀察義山的歷史智慧。

一、歷史解釋

研讀歷史的重要目的之一，是求得鑑戒，即是求得意義與教訓，「要由歷史求得意義與教訓……最重要者有二，一是對歷史事件求其因果關係，第二要對歷史事件作價值判斷……在因果分析中也要作價值判斷，而在價值判斷中也要作因果分析。二者合作，才能求得歷史的意義與教訓」（註一七）。義山詠史詩在對史事的因果分析和價值判斷中，凝聚出兩句詩語，一是「成由勤儉破由奢」，二是「莫恃金湯忽太平」，這是義山對歷史的解釋，其詠史詩即是基於這兩個觀念寫作的。以下分別加以論述：

1. 成由勤儉破由奢

義山之詠史云：「歷覽前賢國與家，成由勤儉破由奢。」題爲詠史，實寓有論史之意。義山透過許多詩篇，爲此議論提供解釋和證明。

由於義山詩多寫末世帝王和衰亡之事，因此所表現的議論也以「破由奢」爲主，由此襯出「成由勤儉」。義山所寫的「奢」，包含奢侈、傲物、好色、遊蕩、懈怠諸種意思，統而言之：「奢」即是帝王的縱慾。一縱慾，必生上述一種或數種敗德，而且還可能繼續擴大。義山詩中提出警戒：慾不可極。

義山的詩中，明白指出：帝王縱慾、怠荒政事，必將導致國家的危亡。其北齊詩描寫北齊後主因惑色而亡國之事，首句即曰：「一笑相傾國便亡」？後主惑於馮淑妃之始，即是北齊亡國之時。詩語簡明果決，非常富於警戒性。義山所以對此事這樣注意，是他在讀史之時，看出帝王縱慾會產生極爲不良的後果，對國家的傷害很大。

後果之一，是浪費貨財，導致民窮財盡。如義山之陳後宮云：「茂苑城如畫，閶門瓦欲流。還依水光殿，更起月華樓」，陳偏安於江南一隅，將大筆財力浪擲在廣修宮殿之上，民力怎能不困頓？民力困頓又如何維持國命？義山寫君王之奢侈著墨最多的是隋煬帝，如隋宮守歲寫煬帝：「沉香甲煎爲庭燎，玉液瓊蘇作壽杯」，其隋宮寫煬帝南遊：「春風舉國裁宮錦，半作障泥半作帆」，煬帝如此揮霍，怎不弄得民窮財盡？義山用力描寫的，正是兩個末世帝王的亡國歷程。

其二是製造罪惡。義山寫君王因縱慾而製造罪惡，以唐玄宗奪媳之事最爲鮮明。前已引述其驪山有感（驪岫飛泉泛暖香）一詩，另有龍池一首云：

龍池賜酒敞雲屏，羯鼓聲高衆樂停。

夜半宴歸宮漏永，薛王沈醉壽王醒。

兩首詩都說到壽王，其寓意可知。壽王的妃子爲父親奪去，處境尷尬、心中懊惱，可說是人子中最不幸者。而玄宗不顧人倫，連子媳都奪去，又有什麼不能取？爲帝王者製造這樣的罪惡，影響所及，安祿山之謀篡弒，也就肆無忌憚了。

其三是怠荒政事。帝王將其精神用於滿足私慾，自然對政事無所用心。義山之隋宮云：「乘輿南遊不戒嚴，九重誰省諫書函？」寫煬帝乘輿南遊，拒諫又殺大臣，國家之事置之度外。後煬帝在江都，卒爲宇文化及所弒。義山之岳陽樓云：「如何一夢高唐雨，自此無心入武關？」藉楚襄王與巫山神女相會的神話，點出襄王沈湎逸樂，連楚懷王在武關遭秦挾制的仇恨也忘了。後來，楚終亡於秦。

其四是引致外敵。帝王肆意於私慾之滿足，不理國事，非徒有內憂，且將有外患。一個政治腐敗的國家，很容易引起外敵的覬覦。義山之北齊云：「小憐玉體横陳夜，已報周師入晉陽」，以後主的惑色與周師之入侵相映襯，帝王縱慾招敵之理，甚爲顯然。義山之南朝云：「敵國軍營漂木柹，前朝神廟鎖煙煤」，寫陳後主惑於酒色、不祭太廟，而隋文帝正大作戰船，投殘餘之木片於江，隨時準備渡江滅陳。兩相對照，帝王縱慾的可怕後果，不言可喻。

綜合看來，義山所以對帝王的「奢」感到痛心疾首，由其詩中描寫帝王的種種敗德已作了明白的解釋。帝王縱慾的後果，不似庶人的敗家喪身而已。他的影響是廣大的，甚至是全面的。不僅涉及物質的浪費，而且造成精神的污染，從而導至內憂外患，國家遂陷於危亡。衆多的人民，遂在驕逸之君及野心家的攘奪排擠之中，難以度日了。

貞觀政要記太宗謂黃門侍郎王珪：「隋文帝不憐百姓而惜倉庫，比至末年，計天下儲積，得供五、六十年。煬帝恃此富饒，所以奢華無道，遂致滅亡；煬帝失國，亦此之由」，雖其主旨在說明：「凡理國者，務積於人，不在盈其倉庫」，但亦指出「奢華無道」是滅亡之因。太宗又謂魏徵曰：「頃讀周、齊史……齊王深好奢侈，所有府庫，用之略盡，乃至關市無不稅斂……人君賦斂不已，百姓既弊，其君亦亡，齊王是也。」（註一八）此言之旨，正是義山所謂的「破由奢」。又載：貞觀元年，太宗謂侍臣曰：「自王公已下，第宅車服，婚嫁喪葬，準品秩不合服用者，宜一切禁斷。」「由是二十年間，風俗簡樸，衣無錦繡，財帛富饒，無飢寒之弊」。貞觀二年，公卿以宮中卑濕，奏欲爲太宗營一閣以居之，太宗以所費良多，不許。貞觀四年，太宗謂侍臣曰：「勞弊之事，誠不可施於百姓。朕尊爲帝王，富有四海，每事由己，誠能自節，若百姓不欲，必能順其情也。」（註一九）貞觀政績之卓著，其中的一個原因，正是節制私慾，以古末世帝王之奢侈無道爲戒，力崇節儉。義山「成由勤儉破由奢」之論，其祖宗之成就實已提供了見證。

2. 莫恃金湯忽太平

義山之覽古云：

莫恃金湯忽太平，草間霜露古今情。空糊赬壤真何益？欲舉黃旗竟未成。長樂瓦飛隨水逝，景陽鐘墮失天明。迴頭一弔箕山客，始信逃堯不爲名。

此詩首句「莫恃金湯忽太平」，是一篇之主旨。以下所述諸事，皆言地險不可恃。「糊赬壤」指廣陵城池之壯麗，鮑照蕪城賦云：「製磁石以禦衝，糊赬壤以飛文。觀基扃之固護，將萬祀而一君。出入三代五百餘載，竟瓜剖而豆分。」（註二〇）壯麗之廣陵終爲蕪城。「長樂」爲秦之興樂宮，「黃旗」之典出於孫權，所謂「紫蓋黃旗，運在東南」。「景陽鐘」之典出於齊武帝，乃是齊武帝用以催促宮人早粧遊幸之鐘聲。秦與南朝皆有恃險之心，皆受亡國之禍。義山觀之深切，故有「莫恃金湯」之諫。

義山以爲國家之興盛安定，繫於國勢之太平，而不在地險。其詠史云：

北湖南埭水漫漫，一片降旗百尺竿。
三百年間同曉夢，鍾山何處有龍盤？

此詩總論南朝恃險的結果，是一片降旗。可見「鍾山龍盤，石頭虎踞」（諸葛亮語，見馮注引張勃吳錄）並不可恃。政治不太平，國家是保不住的。

而政治要如何才能太平呢？義山最強調的便是任賢。這種主張可由其行次西郊作一百韻中看出，他比較右扶風的今昔，昔日的安樂是：「伊昔稱樂土，所賴牧伯仁」，今日的疲困，則是朝廷「因令猛毅輩，雜牧昇平民」。地方的苦樂繫於牧伯的賢否，至於國家的治亂，亦可推測而知了。因此，對於得展其才的賢士，如諸葛亮，義山便多所推崇、歌頌，其武侯廟古柏云：「大樹思馮異，甘棠憶召公……玉壘經綸遠，金刀歷數終」，以周之召公、漢之馮異來比喻諸葛亮兼具文武之才，讚美其規模宏遠。可惜劉氏已失天命，因而使其壯志未酬。詩中對其功敗垂成，深致慨歎。

然而，有許多才士、文人却沒有諸葛亮的機遇，常常憂讒畏譏、抑鬱而終。國家浪費了他們的才華，百姓得不到他們的福澤。美才不能有濟於太平，是最大的損失，義山詠史詩於此曾再三抱憾。如賈生寫賈誼之才不得適用：「可憐夜半虛前席，不問蒼生問鬼神」，又如舊將軍寫李廣之投閒置散：

雲臺高議正紛紛，誰定當年蕩寇勳？

日暮灞陵原上獵，李將軍是舊將軍。

描寫的重點是李廣曾有守右北平及數出擊匈奴的蕩寇之功，於今却見廢放，不是浪費了國家的人才嗎？於此可知，義山詠史詩對才士、文人的不遇多所慨歎，是有其深意的。他認爲太平必須任賢，不可恃險，秦與南朝的覆亡已提供了鑑戒。賢才的廢放，實是國力的浪費，是違背「爲政在人」之根本原則的。

二、義山歷史解釋之背景探索

我們明白義山是以「成由勤儉破由奢」及「莫恃金湯忽太平」兩個基本看法以解釋歷史之後，進一步，我們要探討義山所以執持此二看法的各種背景，以說明其言出有因。以下由思想淵源、個人身世及時代因素三方面加以討論：

1. 思想淵源

義山依據「成由勤儉破由奢」的看法，撻伐君王們的浪費與縱慾，其精神實本於儒家「節用而愛人」的治道（註二一）。民家之財有限，君王要懂得為人民著想，節省開支，減輕賦稅，以蘇民困，進而以裕民生。這才是仁政，「仁政以富民為先」（註二二）。富民宜先節用，這本是從經濟問題論治道。而節用之心，出於慾望的約制，擴而大之，對好色、好田獵亦有約制之功，故可由物質層面提升到精神層面。君王能夠「克己以安百姓」，才有資格成為聖君。由此，儒家「節用」之說，實已由帝王之私德擴大為治國的要道，寓含著積極且宏大的意義。而義山對帝王奢侈放蕩的感痛，實已結合著古來聖哲的政治智慧而發。

義山「莫恃金湯忽太平」的看法，則是用歷史闡釋孟子「地利不如人和」之說。孟子所謂：「城非不高也，池非不深也，兵革非不堅利也，米粟非不多也；委而去之，是地利不如人和也。」（註二三）用以描寫秦及南朝的覆亡，幾乎若合符節。這正是義山詠史的題材，「莫恃金湯」之語，也等於孟子所主張的「固國不以山谿之險」（註二四）。

孟子又進一步說明，為政要得人心的和悅，這是「道」，「得道者多助……多助之至，天下順之。」（註二五）到「天下順之」的程度，即已奠定了「太平」之基。而國君拔擢賢才，用以輔治，正是得民心的一個因素，孟子曰：

尊賢使能，俊傑在位，則天下之士，皆悅而願立於其朝矣。市，廛而不征，法而不廛，則天下之商，皆悅而願藏於其市矣。關，譏而不征，則天下之旅，皆悅而願出於其路矣。耕者，助而不稅，則天下之農，皆悅而願耕於其野矣。廛，無夫里之布，則天下之民，皆悅而願爲之氓矣。信能行此五者，則鄰國之民，仰之若父母矣。（註二六）

孟子所述的五種措施，即爲行仁政的五個綱領。善政足以得民心，而以尊賢使能爲第一事，可見孟子重視的程度。可以這樣說：孟子認爲以善政得民心，進而使「天下順之」，奠定太平之基，其第一要素，即是尊賢使能。

義山「成由勤儉破由奢」及「莫恃金湯忽太平」兩觀念，將歷史的興亡盛衰的原因，不歸之不可知的命運歷數，而歸之人的道德與勤惰，透出了「事在人爲」的人文精神。義山之行次西郊作一百韻云：「又聞理與亂，繫人不繫天」，而全詩更以右扶風百姓的苦樂繫於牧伯的良窳爲主旨，明顯的詮釋了事在人爲的積極觀點。明乎此，則我們讀義山的詠史詩，即能體會其諷刺帝王荒誕淫侈、恃險自怠，及悲賢人不遇的深意。也可了解義山的取材雖傾向於歷史的負面，但是其歷史意識則是十分積極的。因爲，他將事情的成敗，歸之於人爲，人文精神異常卓鑠。

周初以來，逐漸發展出可貴的人文精神，至荀子而完全成熟。義山之理亂繫人不繫天的觀點，即受到它的影響。徐復觀先生說這種精神是：「人的信心的根據，漸由神而轉移向自己本身行爲的謹愼與努力」，又說：「周人的哲學，可以用一個『敬』字作代表」、「周初所強調的敬，是人的精神，由散漫而集中，並消解自己的官能欲望於自己所負的責任之前，凸顯出自己主體的積極性與理性作用」（註二七）有了人文精神，人本身具備自主性，對自己的品格與能力有信心之後，才有承擔一切成敗之責的意識。有品格、負責任，應是人脫離對神的依傍的具體表現。

周初的人文思想中，可看出人們雖努力的由天、神的籠罩中透出來，天神的影響猶依稀存在。至荀子則毅然「天生人成」，將天生看成自然狀態，世事之成敗在於人爲，荀子曰：

> 天行有常，不爲堯存，不爲桀亡。應之以治則吉，應之以亂則凶。彊本而節用，則天不能貧；養備而動時，則天不能病；脩道而不貳，則天不能禍。故水旱不能使之飢渴，寒暑不能使之疾，祅怪不能使之凶。本荒而用侈，則天不能使之富；養略而動罕，則天不能使之全；倍道而妄行，則天不能使之吉。故水旱未至而飢，寒暑未薄而疾，祅怪未至而凶。受時與治世同，而殃禍與治世異，不可以怨天，其道然也。（註二八）

天行有常，它是自然的現象，世事的治亂不能用天命來解釋，人類自應負全責，所以薩孟武先生說：「荀子以治亂之責歸於人類。」（註二九）

義山說「莫恃金湯忽太平」，「金湯」是「地利」，地利由於「天」生，而「太平」則在「人」，其精神實同於荀子。而「成由勤儉破由奢」之說，「奢」正是徐復觀先生所謂的「官能欲望」，「勤儉」則是理性的，是積極的品格。義山的觀點受到古哲人文精神的影響，至爲明顯。

綜合而論，義山的歷史解釋，其思想淵源實爲儒家，不但其思想性格類似，即在文字上也與孔子、孟子、荀子所言略同。所以，他的詩中，有關政治的見解常用「儒」字，如行次西郊作一百韻云：「況自貞觀後，命官多儒臣。例以賢牧伯，徵入司陶鈞」，以右扶風的安定繫於用儒臣。又如贈送前劉五經映三十四韻云：「建國宜師古，興邦屬上庠。從來以儒戲，安得振朝綱？」建國興邦，非儒不行。「儒」在義山心目中的重要性，可想而知。義山的歷史思想既屬儒家，因此他對歷史人物要求自制、自勵與承擔，要他們負起時代盛衰的責任。其思想層次，超乎徒感慨於世事無常爲主調的詠史詩之上。

2. 個人身世

義山的歷史解釋，又與其個人身世有關。義山一生的際遇，兩唐書本傳，及一系列的年譜，如朱鶴齡的李義山詩譜、馮浩的玉谿生年譜、張爾田的玉谿生年譜會箋，及評傳類，如楊柳的李商隱評傳等，已有明晰的描述。（註三〇）於此不贅。其中，與本主題有關的，我們提出兩點以作討論：一是義山在政治上的始終不如意，二是義山帶有唐朝王室的血統。

義山出生時，門第已衰，缺乏功名的助緣。賴令孤楚愛其才，除授以駢文章奏之外，並辟于天平幕，署巡官。二十一歲應擧，爲賈餗所斥。（註三一）二十三歲應擧，爲崔鄲所不取。隨崔戎至兗，掌章奏。二十六歲，始因令孤綯奬譽，登進士第。二十七歲，赴涇原，娶王茂元女。試宏詞不中選，居王茂元幕。二十八歲釋褐爲秘書省校書郎，調補弘農尉。二十九歲辭尉任。三十一歲，以書判拔萃，授秘書省正字，旋居母喪。三十六歲，隨鄭亞赴桂管幕辟，奏掌書記。三十七歲，選爲盩厔尉。三十八歲，盧弘正鎭徐州，奏爲判官，得侍御史。四十歲，以文章干令孤綯，補太學博士。柳仲郢鎭東蜀，辟爲節度書記，改檢校工部郎中。四十五歲，隨柳仲郢還朝，奏充鹽鐵推官。四十七歲，廢罷，病卒。

根據上述，可見義山的仕途十分坎坷。屢次應舉不第，在京任職率爲小吏，大部份時間只能居外當人家的僚佐。因此，他的政治抱負無從發揮。在此基礎上，看義山對歷史上賢人不遇的感慨，及強調賢人對「太平」的重要性，才能有深刻的體會。由義山於屈原、賈誼、曹植等，與自己的生平相類的失意文人，特別有種眷眷不已的情懷，而對其關懷的主旨又在能否服務蒼生爲準的。即可知曉義山是透過自己的身世，深切的體驗到賢人不遇的悲哀，及賢人對於治國平天下的重要性。而殷殷規勸帝王們：忽略賢人即是忽略了「太平」，「莫恃金湯忽太平」啊！

義山哭遂州蕭侍郎二十四韻云：「公先眞弟子，我系本王孫」，楊柳先生考證義山是漢隴西成紀人名將李廣的第三十一代裔孫，晉涼武昭王李暠的第十五世裔孫，而唐高祖李淵是涼武昭王的七代孫。如此說來，義山與唐宗室系出同源。（註三二）我們當注意的，不是義山與唐宗室的親疏關係，而是義山心中的「王孫」意識。在這個意識裏，唐朝的盛衰即等於義山家族的盛衰。義山對國家的興亡，要比他人多一分切身之感。這可以解釋義山在詠史詩中刻意探尋興亡的原因，他是基於血緣的特殊關懷。

3. 時代因素

義山以「王孫」的身分，對史上的興亡關鍵特別注意。加上其所處的是唐帝國正在沒落的時代，唐朝原本的輝煌局面，如今已不堪回首。因此，義山有時代的憂患感。

傅樂成先生的中國通史，對此時的局勢曾提出三點作扼要的敍述。一是藩鎭的割據，二是外族的猖獗，三是宦官與黨爭。

藩鎭方面，如穆宗時河北藩鎭盧龍、成德、魏博相繼割據，經敬宗、文宗、武宗亂事不息。外族的入侵，以吐蕃爲最凶猛。德宗時，安西、北庭兩府爲吐蕃所陷，後經唐室北守南攻戰略的征討，吐蕃勢衰，穆宗時求盟於唐室。但在結盟後，仍作小規模的入寇。

宦官的專權，是唐帝國巨大的隱憂。由於宦官參預皇位繼承的政治鬥爭，又掌握了中央的軍權，朝廷對宦官已有尾大不掉之感。憲宗、敬宗竟爲宦官所弒。文宗與宰相李訓等謀誅宦官，不成，宦官仇士良殺李訓、鄭注、郭行餘、王璠等及其親屬。朝臣受牽連而遭貶者，爲數極多。嗣後，宦官繼續掌握皇位的繼承，皇帝幾成宦官之傀儡。

唐朝士大夫之黨爭，規模最大，時間最長的，是「牛（僧儒）李（德裕）黨爭」，起於憲、穆，終於武、宣，前後達四十年。黨爭的結果，士大夫的進退，不決定於道德、才能、形象，而是黨派的勢力。（註三三）

唐朝晚年的內憂外患已如上述，而朝廷尚不警覺，有些皇帝的生活，幾與義山詩中的末世帝王相彷彿。如敬宗即位之初，視朝每晏，荒淫，嬖幸用事。後，竟至視朝月不再三，浙西觀察使李德裕獻丹扆六箴以諫。又曾御三殿，令左右軍、教坊、內園爲擊毬、手搏、雜戲。戲酣，有斷臂、碎首者（註三四）。有的皇帝則任用非人，如文宗任李訓、鄭注。有的則罷黜賢能，如宣宗貶李德裕。

觀義山詠史的取材多偏於末世，以此推論其乃出於對時代的憂患感，應非附會。詩中對君王的奢侈荒淫多所嘲諷，對賢士的不遇多所感慨，如透過晚唐國勢來了解，會更深刻。

三、義山的歷史智慧及其限制

探討過義山的歷史解釋及其背景之後，我們發現義山的詠史詩，不是出於文人對史事史跡的一時感懷，而是透過自己的身世及時代的憂患意識，並有清晰的文化思想爲主導以觀照歷史。因此，他有明確的取材方向，並有清楚的歷史解釋，使歷史在他的詩中，顯得有條理、意義與作用，這就是義山在詠史詩中呈現的歷史智慧。以下分兩點討論此智慧，其次則論其限制。

1. 以因果觀念通古今

荀悅論史家的「立典五志」，三曰「通古今」，劉知幾引入史通書事第二十九，並加以解釋與補充。（註三五）可見劉氏對「五志」的重視，而「通古今」則爲其中之一。史家所以重視「通古今」，是緣於對歷史價值的認識。學史之目的非一，而知古通今應爲最重要的一種。史事雖發生在另一個時空，但是，類似的模式，一貫的原則，都可靈活的在這一個時空運用。歷史越長，所累積的經驗便越多，人們所能運用的文化資財也越豐富，歷史之價值是由此得到肯定的。

義山詠史詩的取材，如君王之奢侈放縱、求仙餌藥，賢人之不遇，和他所處時代的政治情況，幾乎如出一轍。而義山解釋許多朝代的衰亡，即是君王種下了上述的「因」，才有如此的「果」。義山說：「成由勤儉破由奢」，不將興亡歸之不可知的氣數，而歸之人可能把握的因果，這是義山的歷史智慧。依此，歷史的興衰都有人事的跡象可循。人——尤其是執政者，可以由意志影響歷史、創造歷史、並應向歷史負責。人對歷史有自主性、責任感的自覺，是人類讀史的大收穫。古人如此，今人復然，執政者怎能不兢兢業業去承擔歷史的重任？義山即用此因果觀念來貫通古今，使他的詠史詩，具有高度的時代價值。

楊柳先生曾對義山的詠史詩有如此的評價：

> 這些詩篇（按：即指詠史詩）幾乎都是環繞著如此一個中心思想構思和議論：揭露和批判統治階級，特別是君主的荒淫無恥生活；指出他們悲劇性的結局——亡國破家相隨屬。……義山創作這樣多的政治詩，決不是「發思古之幽情」，爲咏史而咏史，而是借古諷今，針對當時客觀現實而發的。目的在於要統治階級引起警惕，接受歷史教訓，從而在政治上來一番改革和刷新。（註三六）

楊柳先生指出了李義山作詠史詩的動機是「借古諷今」，希望引起時代的警惕與革新，而義山所採用的方式是透過歷史的因果律以作諷諭。

2.以彰善貶惡爲標的

劉知幾曰：「史之爲務，厥途有三焉。何則？彰善貶惡，不避強禦，若晉之董狐、齊之南史，此其上也。」（註三七）柳詒徵先生曰：「吾國之爲史者，其淺深高下固亦不齊，而由經典相傳以善善惡惡之性從事於史則一。」（註三八）二氏言語雖稍有參差，但是，強調歷史的道德意識，則爲一致。

在我國，治史的學者習於以道德解釋歷史，並以道德判斷歷史的價值，其目的便在彰善貶惡。

義山「成由勤儉破由奢」、「莫恃金湯忽太平」二語，實由道德意識中流出。在前面探討義山歷史解釋的思想淵源時，我們已論及義山的歷史思想充滿人文精神，他主張成事在人，反對成事由天。人對歷史負責，最具體的方式，便是發揮人類的道德意識，惡居下流，日進高明，使社會因之詳和、樂利。對於爲善之人，要予以鼓勵、讚美，使他對人羣發揮模範的作用。如果有人墮落敗德，則要予以諷刺鍼砭，使人們得知警戒。彰善貶惡的積極作用，便是透過歷史，使人們產生趨善向上的精神力。這是我國史家的卓識，義山雖爲一詩人，亦具此卓識。

影響政治的因素複雜，故歷史之興衰存亡，實非全由道德之高下所能斷定，這已是常識。但是，政治之良窳主要的關係在人心，柳詒徵先生曰：「王船山之論史，歸於一治一亂。顧景星之論史，亦歸於一治一亂，而曰：自古治亂，氣運爲之。氣運者即人心之習氣爲之也。」（註三九）史家之重德義，乃因德義足以涵養心習。彰善貶惡之下，苟人心去奢縱刻薄而趨於厚道正直，即是治平的良好基礎。故由道德以論治亂，實爲簡要的探本之論。義山執此議以論史，正見其不凡的歷史智慧。

3.偏狹與浮議是其限制

義山的詠史詩，雖有不凡的歷史智慧，展現了自己的特色。但是，也有他的限制，最明顯的，一是偏狹，二是浮議。

所謂偏狹，是指他的視角不夠廣闊。此種缺失由取材部分已可看出，本文已曾論列。也許義山受到過多身世與時代的影響，其視角大多指向歷史的負面，寫罪惡、衰亡者多，書功德、興盛者少。甚至在義山的歷史解釋中，已提出「成由勤儉破由奢」的看法，可是幾乎不曾寫過勤儉而有成者。由此即可看出義山的偏狹性。由於這種偏狹性，會使人誤以爲歷史中缺乏光明面、理想性，而對人類社會失掉應有的信心。

所謂浮議，是指他的有些議論沒有完全貼切史實，放言而論，故其判斷有失平允。如其四皓廟云：

本爲留侯慕赤松，漢庭方識紫芝翁。

蕭何只解追韓信，豈得虛當第一功？

此詩因張大四皓之功，而過於貶抑蕭何。也許義山是借史諷時，有所寄託，如馮浩箋注所言。（註四〇）然而，論史自不能違離史實，蕭何功在漢室，經高祖評定爲第一。（註四一）義山此詩不顧史實，憑空議論，難令讀者心服。故屈復即評曰：「非定論也！」（註四二）

又如：義山茂陵一詩，寫漢武帝之雄才只以「天馬」一語帶過；道其缺失，則以求仙、好獵、好內多方諷刺。貶功而揚過，有失平允。

類似這些作品，以詠史詩而言，犯了不符合史實，或者以偏概全的毛病。以此爲基礎的議論，就難以持平，實爲義山詠史詩中的白璧之瑕。

四、小結——義山詠史，旨在提供鑑戒。

義山的詠史詩，洋溢著他的歷史智慧。他明白指出歷史中興衰的兩個原則：「成由勤儉破由奢」、「莫恃金湯忽太平」，透過種種史實的討論與印證，他由成事在人的觀念裏，發現了對歷史興衰所負的因果責任。他又特別重視德義的價値。且由於他注重以古通今，他的歷史思想又立基於時代之上。於是義山的歷史思想便與時代結合，而有用於世，尤以他彰善貶惡的精神，及人事決定興亡的鑑戒性爲最。如此，他的詠史詩便超乎尋常徒事感懷的詩篇之上，而具有關懷時代，爲時代解決問題的智慧光輝。

第四節　寫作的藝術

我們曾說過：優美的詠史詩，一要能啓引讀者發思古之幽情，二要具有歷史的鑑戒作用。在義山的歷史智慧中，已討論過第二部分。其次，我們擬討論第一部分。

其實，在詠史詩的寫作上說，發思古之幽情是歷史鑑戒的基礎。詠史詩不同於史論之處，即在史論要以客觀的立場論史，要理性，要冷靜，好的史論不宜夾雜議論者的感情。詠史詩的寫作，却要基於作者本身的感觸，有深切而特殊的感觸，詩歌才有韻味。在情韻盎然中閃耀著智慧的光輝，才是美好的詠史詩。所以，詠史詩應在詩人的主觀感情中，產生客觀的見識。如此，讀者在瀰漫於詩篇的感情觸發之下，產生共鳴，發思古之幽情；且於詩篇智性的啓引之中，在歷史裏尋得意義，作爲鑑戒。

義山的詠史詩，其歷史智慧已見於前。而他的詩，正是能透過深切而特殊的感觸以突顯其歷史智慧。義山以他獨有的「一往情深而復靈心善感」（繆鉞語），對於歷史有深切的關懷。他寫詠史詩時，往往將自己投入歷史，將古人之事當作自己的事來寫，因此，心境不隔。

有感觸是一回事，能否將感觸適切的表達出來，是另一回事。義山詠史詩所以高妙，除了內心的感觸外，高度的寫作藝術是重要的因素。在史的意識之下，他在體製的選擇、歷史人物活動的場景佈置、如何使古人與今人精神相通、史筆與詩筆的錯綜運用，各方面他都用了工夫，有特殊的成就。因此，能將深刻的感觸表達出來。以下，分別加以說明：

一、多用七絕，表達精簡

義山詠史詩的體製，有五古（如：李夫人三首之前二首）、七古（如：韓碑）、五律（如：陳後宮）、七律（如：覽古）、五言排律（如：武侯廟古柏）、五絕（如：漫成三首之後二首）、七絕（如：五松驛），已包括了義山所用的各種體製。但是有一個特別的傾向，是他愛用七絕詠史。據方瑜先生的統計，詠史的七絕共有四十八首，在全部七絕兩百零五首中，佔了將近四分之一。（註四三）以詠史七十餘首而言，則七絕佔了三分之二。

七絕是一種簡要的體製，緣於字數甚少，又要表達得情感豐富、思想深刻，以使其有言外之言，味外之味。於是在立意上要變俗為雅、變正為側、化滯為靈、意趣寬泰；（註四四）在作法上，則要選擇最精要、最具關鍵性的題材，運用最細密的文字作精當的表達。（註四五）這些重要的條件，義山都能作精確的把握，他在詠史詩中，透過以下的筆法，以達到七絕在體製上的精簡要求。

1. 由小見大

義山常選擇歷史中看起來很小，但卻具有代表性的題材，以表達他對歷史上某些事情的看法或感觸。

如：五松驛

獨下長亭念過秦，五松不見見輿薪。
只應既斬斯高後，尋被樵人用斧斤。

此詩寫秦亡之後，不復能控制天下，百姓痛恨秦的暴政，連秦始皇所封的五大夫松也一併砍去。即此一事，可見當年秦政之虐，百姓之恨。屈復曰：「召伯甘棠，勿剪勿伐；秦亡而五松見薪。人惡其暴虐如此，所以念賈生之過秦論也，深妙。」（註四六）秦封的松樹也被砍伐，則天下抗秦，焚阿房宮，殺秦王子嬰，也就不足爲奇。伐松一事，有如出水的冰山一角，令人想到潛藏在海中的還有更多，因此，此種筆法是「高妙」的。

又如：賈生

宣室求賢訪逐臣，賈生才調更無倫。
可憐夜半虛前席，不問蒼生問鬼神。

賈誼是漢初的名政論家，所建議的易服色、改正朔、法制度、定官名、興禮樂，實有爲漢朝建立一個新規模的雄心。文帝氣度不及此，雖在疏廢後復召，但所問爲鬼神之事，與賈生之才，實不倫類。即此一事，已可見文帝實不足知賈誼，而賈生之遭廢放乃爲必然之事。賢人不遇，令人慨歎。

又如：南朝

地險悠悠天險長，金陵王氣應瑤光。
休誇此地分天下，只得徐妃半面粧。

此詩用梁元帝與徐妃之事爲一引子。徐妃不見禮於元帝，因元帝眇一目，每知帝將至，必爲半面粧以候。元帝統有江南，連一個妃子的心也得不到，又何況是國人的心呢？由此可知南朝的概略，則所謂天險地險，運在東南的天生條件，也就不足爲恃，而終底於亡。

以上三詩，義山不直寫秦之暴虐，百姓之憤恨，而由砍伐五松以透出。不直寫文帝不足知賈誼，而由問鬼神以透出。不直寫南朝天子不得民心，而由徐妃半面粧透出。這是由小事中透出大事，詩人讓讀者由一粒沙中看到世界。它發揮局部代表整體的功效，滿足了讀者聯想與創造的意願。而詩人所抒發的感觸因之更形深刻，意味也更爲悠長。這正符合七絕短小精鍊的要求。

2.見微知著

義山對歷史上帶有敏感性，或不宜直言的題材，則用含蓄之筆，隱微之言來表達。讀者在經過一番探索、體會之後，恍然大悟，即有自我成就的喜悅。

如：驪山有感

驪岫飛泉泛暖香，九龍呵護玉蓮房。
平明每幸長生殿，不從金輿惟壽王。

此詩首二句寫驪山溫泉之好、浴池之豪華，正宜國富民殷的唐玄宗遊幸。然而，三四句文字一歧，寫出諸王皆從皇帝遊幸，惟壽王不行，啓人疑竇。細繹當時宮闈之事，始知侍玄宗往長生殿的楊貴妃，本爲玄宗之媳壽王妃。父奪子妃，場面尷尬，自以不相從爲妥。

又如：龍池

龍池賜酒敞雲屏，羯鼓聲高衆樂停。
夜半宴歸宮漏永，薛王沈醉壽王醒。

此詩與前詩，詩旨相同。龍池賜酒，興高彩烈，諸王沈醉是很自然的事，薛王即其一例。但是，爲何壽王獨醒？原來是妻子被奪，心中懊惱，衆人皆樂，而伊獨悲，如何飲得下酒？又如何睡得著？

這二首詩的詩旨，都沒有明書，義山用委婉隱微的文筆寫出了「謎面」。要讓讀者去尋「謎底」。在其間，詩人提供了淸楚的線索，如「不從金輿惟壽王」的「惟」壽王，「薛王沉醉壽王醒」的「壽王醒」，使讀者得以注意，加以探索，而能尋繹出明顯的歷史眞象。

義山所以要用如此筆法以寫此題材，乃基於事生本朝，過在君父，不宜秉直而書。但是，奪媳之惡有違倫常，自不得不加以譏刺，故用隱微曲折之法以表達，較爲妥當。而讀者誦此詩篇，自能感受到唐玄宗違反倫常的事也做得出來，則其窮奢極慾已可概見，奪媳之事實爲唐室衰亡的徵兆。一葉落而知秋，詩人已在此中寄寓著式微的悲痛了！這種意在言外的含蓄之筆，正是七絕文字的特色。

二、特重場景佈置，以時空交織加強詠史詩的效果

義山的詠史詩，誦讀之後，常有不盡之味。同一題材，透過義山的表達，即見自家風格。若加繹尋，場景的用心佈置，是一個重要的因素。

史事的發展有如一齣戲劇，義山在導播它時，都要佈置一個最具效果的場景，使史上人物在這個舞台上演出。透過這個經營，戲中的氣氛便特別濃厚，自然的，此戲就會有不凡的情味。

義山的詩，善於寫景，這種技巧，他也運用在詠史詩中。他每詠史事，都會將有關的古跡作精細的描寫，二者且有緊密的結合，在時空的交織之中，因畫面和諧、形象分明，其所吟詠的史事，即有更顯著的感染力量，產生了高度的情景相生的效果。如其夢澤云：

夢澤悲風動白茅，楚王葬盡滿城嬌。
未知歌舞能多少，虛減宮廚爲細腰。

此詩以「楚王愛細腰，宮中多餓死」的周知之典故，諷刺楚國在群雄競爭之中，君王不知憂患，沈緬美色，終至以富饒之地而爲秦所吞併。此詩以楚地夢澤的風吹白茅爲場景，使楚王好色之事形象化。因雲夢澤之景物，想到古人，復因古人已於此地消失，而生好色總成空之感、人事無常之悲。浩瀚的雲

夢澤，白茅在風中的梢梢聲，使在時間長流中的今古對比格外鮮明，深刻的感慨與悲情，提高了此詩的意味。

又如楚宮云：

十二峯前落照微，高唐宮暗坐迷歸。
朝雲暮雨長相接，猶自君王恨見稀。

此詩借用宋玉神女賦爲題材，諷刺楚襄王的好色。神女朝暮皆至，而襄王猶以爲不足，「恨見稀」三字寫襄王之心意最爲傳神。作者用巫山的「落照微」、「高唐宮暗」，日落黃昏的景象，爲神女之將至經營了極佳的氣氛，怪不得襄王要「迷」了。更以朝雲暮雨暗喻神女之情意纏綿。於是，襄王之迷，神女之情，遂寓於朝霞暮照、雲雨迷離之中。故此詩除諷刺之深外，更富有幽渺的情味。

三、詠史與感時結合，以豐富詠史詩的思想性與親切感

義山的詠史詩，習慣將詠史與感時結合，由於他常以衰世的史事爲題材，其作品，不但懷古，兼且傷今；既諷刺了古人，也規鍼了今世。如此，古事映照著今事，古人處事的利弊得失，得以明顯的提供給今人作爲指導或鑑戒，增加了詠史詩的思想性。而古事又彷彿今事，讀者在詠誦詩篇之時，有如自己走入歷史的舞台，增加了作品的親切感。

廣義的說，義山的詠史詩都有諷諭的用意，在其歷史智慧中，我們得知他以「成由勤儉破由奢」、

「莫恃金湯忽太平」兩個觀念爲基礎，寫作他的詠史詩時，已可看出他懷有對時代頗強烈的責任感。加上他的詩篇，又時時盈溢著古今一體的情懷，如覽古云：「莫恃金湯忽太平，草間霜露古今情」，潭州云：「潭州官舍暮樓空，今古無端入望中」。加以作品中古今事物的相類、強烈暗示的寄寓，可以看出義山「假史以嘲諷」（註四七）的深意。

在假史以嘲諷的動機下，寫出來的詩篇，便不止於純粹的論史與詠懷，而是將史事與時代的呼吸連在一起，讀者吟誦之餘，感受也就特別深切。如陳後宮云：

> 玄武開新苑，龍舟讌幸頻。渚蓮參法駕，沙鳥犯勾陳。壽獻金莖露，歌翻玉樹塵。夜來江令醉，別詔宿臨春。

這首詩寫陳後主愛好遊幸，廣開苑囿，君臣共荒湎的情狀。詩中雖無一句議論，然已暗暗指出陳後主亡國的原因，詩中旨意已甚完足。然而，馮浩注引徐箋，謂此詩爲唐敬宗而作，敬宗好遊幸、穿池苑、詔造競渡船、議置詞臣狎客、好女樂，與此詩所詠皆合。則此詩的寫作已結合詠史與感時，詠誦此詩者，對時事雖心照不宣，但是，會存有鑑戒之心。也會覺得史事有如時事，對此詩沒有時間上的距離，情通古今，因而感慨更深。

類似的詩篇，如另一首陳後宮（茂苑城如畫）、覽古、隋師東、五松驛、四皓廟、詠史、茂陵、舊將軍，依馮浩注所云皆與時事有關，若加以他家的注釋，則更不止此。（註四八）雖然我們無法證明一首詠史詩的眞正作意，更無法指出義山詠史詩中某事是切合當時舊事而發（事實上也無此必要）。

但是，只要其古今之事相類似，或者暗示的氣氛濃厚，讀者即有古今一體之感受，詠史詩鑑戒及感染的作用已經達到。

四、善用史家文筆而能超越

義山寫作詠史詩時，又善於以史家慣用的文筆入詩，使詠史詩有「史」的特色；但是，他又能不爲史家文筆所拘，對史事作更藝術的處理，而超越之，使詠史詩具有「詩」的意味。

1.善用史家文筆

史家之筆與文學家之筆本無明顯的界限，今所謂「史家文筆」，指史家慣用的文筆而言。史家於撰史時，自有其習用的文筆，以便於記事或評論，此種文筆，使史籍更豐富、生動，更具備可讀性。讀史或論史者，對此文筆，常常予以肯定或讚美，它便成爲史家特有的藝術涵養。義山於詠史時，頗善於取用這些文筆，如：

(1)寓論於敍

義山詠史詩長於議論，對於史事，他慣於表達自己的看法，而使史事顯出其意義。有一種方式是寓議論於敍事，在敍事時加以安排而產生暗示的作用，讀者在誦詩時，自能體會出詩人隱於詩中的議論。

如吳宮云：

龍檻沈沈水殿清，禁門深掩斷人聲。

吳王宴罷滿宮醉，日暮水漂花出城。

此詩前二句寫吳宮的高大森嚴，儼然令人敬畏。但至第三句一轉，宮中宴罷，滿宮皆醉，君臣全無體統。花由御河隨水漂出，將吳宮的森嚴完全漂散了！讀完此詩，詩人評論吳宮君臣無禮，生活淫逸的意旨顯然可見，但是詩中並無一句議論之語。

又如北齊二首之二云：

巧笑知堪敵萬機，傾城最在著戎衣。

晉陽已陷休回顧，更請君王獵一圍。

北齊後主惑於馮淑妃。周師取平陽（按：依北齊書晉陽應爲平陽），後主與淑妃正圍獵，晉州告急，後主將還，淑妃請更殺一圍，後主從之。在後主心中，國土的安危，竟不如美人的遊樂。義山詩中清楚的表達了這個諷刺，但是無一句議論。所以屈復說：「不用論斷，具文見意。」（註四九）

又如：隋宮守歲

消息東郊木帝迴，宮中行樂有新梅。

沈香甲煎爲庭燎，玉液瓊蘇作壽杯。

遙望露盤疑是月，遠聞鼉鼓欲驚雷。

昭陽第一傾城客，不踏金蓮不肯來。

此詩以隋煬帝守歲焚沈香二百餘乘，甲煎二百石的奢侈爲題材，配合武帝求仙（玉液、瓊蘇、露盤）、漢成帝寵趙飛燕（昭陽傾城客）、南齊東昏侯寵潘妃（蹈金蓮）諸故事，寫出煬帝亡國之由。屈復說此詩：「刺煬帝之荒淫亡國，不下論斷，具文見意。」（註五〇）

這種敍中有論的文筆，由於議論是作者寓在詩中，却是由讀者發現的。讀者會具有成就感，增加誦讀的喜悅，而使詩更具意味。誠如方瑜先生所言：「他善於擇取歷史素材，加以適當安排，使詩人的主觀批評在詩句中自然呈現，留給讀者思索、品味的餘裕。」（註五一）

而寓論於敍正是史家習用的文筆，高明的史家，常利用敍述史事時，加以安排與暗示，使其中寓有議論與褒貶。顧炎武曰：「古人作史，有不待論斷而于序事之中即見其指者，唯太史公能之。平準書末載卜式語，王翦傳末傳客語，荊軻傳末載武帝語，皆史家于序事中寓論斷法也。」（註五二）試以其中荊軻傳爲例，荊軻刺秦王失敗，司馬遷在傳末加一神來之筆：「魯勾踐已聞荊軻之刺秦王，私曰：嗟乎，惜哉其不講於刺劍之術也！甚矣吾不知人也！曩者吾叱之，彼乃以我爲非人也！」（註五三）借魯勾踐之言，評論了荊軻的缺點：荊軻勇則有餘，劍術則不足，才會使此擧功敗垂成。也寫出了荊軻性格上的限制：不足之處，不肯向人請教，對蓋聶、魯勾踐的逃避，都是如此。因此，在緊要關頭，便因這一點不足而失敗。司馬遷愛荊軻之才勇，却也明白其缺失，借魯勾踐之言寓其議論，一方面不忍直接評論，另一方面却也找出了荊軻失敗的原因，便使這段文字富於情而通於理，意味盎然。

(2)由小見大

由小見大的寫作技術，我們已於第一點，多用七絕的部分，加以敍述。現在要說的，是這種文筆亦爲史家習用之法。

徐復觀先生論史記，曾探討史記在表現方法上的特色，其中之一，即是由小見大：「從一個小的具體故事，把握人的個性，由其人的個性以解釋其人的一生行爲，於是在這裏提供了潛力的自我展現的範例。」（註五四）徐先生舉出李斯見厠中鼠與倉中鼠的感歎、叔孫通論陳勝起兵的言論、張湯審判鼠盜肉數例，以爲都能在這些小故事中看出其人的個性，解釋其一生的行爲。試以張湯事爲例：

史記載張湯爲兒時，父出守舍，鼠盜肉。湯遭其父笞責。於是「湯掘窟得盜鼠及餘肉，劾鼠掠治，傳爰書，訊鞫論報，並取鼠與肉，具獄磔堂下。其父見之，視其文辭，如老獄吏，大驚，遂使書獄」。（註五五）

這一段文字敍述張湯小時審判盜肉之鼠，只是小事，但是，他偵察時，「鼠」「贓」俱獲、審判有文書、判後有執行，這種周密的審判過程，正是他一生成爲酷吏的寫照。

我們前已述及，義山在五松驛、賈生、南朝諸詩中所用的文筆，即與此相同。

(3)見微知著

見微知著的技巧，我們也曾於第一點，多用七絕的部分敍述過。於此，我們要指出的，是它亦爲史家習用之筆。

史家於撰史之時，爲了某些需要（如：避免忌諱），不得不採取隱微之言。但是在其中提供了某些線索，透出某些消息，使讀者能夠明白歷史的眞實，因此，文微而意顯。杜預春秋序云：「發傳之體有三，而爲例之情者有五。一曰微而顯，文見於此而起義在彼……」（註五六）可以看出：孔子的春秋經已經採用這種筆法。

司馬遷的史記，稟承了春秋的精神與筆法，即以微言來說，運用得十分巧妙。徐復觀先生論史記，即有「以微言側筆，暴露人與事的眞實」的筆法，玆取其所舉一例，以見司馬遷如何運用微言。徐先生云：

高祖功臣侯者年表敍「至太初，百年之間，見侯五，餘皆坐法隕而亡國耗矣，罔亦稍密矣」，此係對「父祖累百戰之功而得國，子孫負一朝之過而失侯」的微言。（註五七）

漢高祖利用功臣的智慧與血汗建立了漢朝。天下一旦統一，却爲了鞏固政權的私計，開始誅戮功臣，韓信、彭越、英布的族誅，尤爲慘毒。司馬遷爲了表露這個殘酷的政策，又不能明顯冒犯當道，於是以高祖功臣所存的稀少指出法網的苛細，讓讀史者明白諸侯的「坐法隕命亡國」，其實只是漢朝誅除功臣的政策而已。

前面我們討論過的，義山驪山有感的「不從金輿惟壽王」、龍池的「薛王沉醉壽王醒」，其筆法正是使用微言，而將明皇奪媳的眞實透顯出來。

前述「寓論於敍」、「由小見大」、「見微知著」三種文筆，爲史家、文學家所共同愛用，並非史家之專利。但是，史家加以運用之後，每使史傳文字有特殊的藝術效果。換句話說，這些文筆對於史家更有意義，爲史家所愛用，因此，我們便以史家文筆目之。而義山意識到這些文筆的價值，巧於運用，這一點值得我們重視。

2.超越史家文筆

義山善用史家文筆，是其不凡處。然而，他有時更超越「歷史的眞實」，將史事或史蹟加以組合、對比，甚至加以改造，以追求「詩歌的眞實」。歷史的意義因此更爲彰顯，詩歌的意味也更爲雋永。可歸納爲三種方法：

(1)取意遺詞

義山詠史，有時會將不同時代的史事作巧妙的組合。這時，讀者便不能以詞害意，而要超越文詞去追尋詩中的主旨。如「舊將軍」云：

雲臺高議正紛紛，誰定當時蕩寇勳？
日暮濃陵原上獵，李將軍是舊將軍。

此詩爲李廣的不遇，鳴其不平。「李廣才氣，天下無雙」，漢諸將中，李廣的軍人形象最爲鮮明。爲右北平時，匈奴號曰「漢之飛將軍」，避之數歲，不敢入右北平。但是，一生不得封侯。義山以「高議正紛紛」、「誰定」諸語寫出朝廷議封賞的吵雜紛亂，暗示封賞沒有正確的標準。因此，使有才有功者反而置散。詩中，「雲臺」一事本出於後漢，後漢書朱祐等傳論曰：「永平中，顯宗追感前世功臣，乃圖畫二十八將於南宮雲臺。」（註五八）與西漢事不符。義山不過借雲臺之議喻漢廷諸臣之爭功而已。

又如：題漢祖廟

乘運應須宅八荒，男兒安在戀池隍。
君王自起新豐後，項羽何曾在故鄉？

此詩讚美漢高祖的豁達大度，相形之下，項羽即因氣度之不足，而於相爭中落敗。詩中以高祖之起新豐，與項羽之戀故鄉相比，而顯出氣度大小的差異。但是，高祖立新豐，在高祖七年，漢書地理志上：「新豐，驪山在南，故驪戎國。秦曰驪邑，高祖七年置。」（註五九）時項羽已逝，與詩語不符。所以，「起新豐」是譬喻高祖不爲鄉土意識所拘，志在天下。誦讀它時，要得「意」而忘「詞」。

(2) 映襯

義山詠史時，爲加強鑑戒的作用、渲染的效果，常以兩件事相映襯，以達目的。由於相映襯的材料中，有些不出於史籍，有些則爲史家所不習用，而經此安排之後，詩篇更有精神，也更有意味，因此，是超史的筆法。

如：岳陽樓

漢水方城帶百蠻，四鄰誰道亂周班？
如何一夢高唐雨，自此無心入武關。

此詩諷責楚襄王只知耽溺女色，却無心入武關爲懷王報仇。以「夢高唐」與「入武關」對比，使襄王的好色荒怠，表露得格外清晰，提高了諷刺的效果。但是，高唐雲雨的故事，只是神話，或者是宋玉筆下的寓言，本非史事。詩人以爲使用了這個衆所周知的故事，更能表達他諷刺的意旨，便不拘於史事，加以運用。

又如：北齊二首之一

一笑相傾國便亡，何勞荊棘始堪傷。
小憐玉體横陳夜，已報周師入晉陽。

此詩探討北齊後主之亡國，其因在寵馮淑妃而荒政。爲了強調女色對國事的重大影響，義山以「一笑相傾國便亡」做了明確的論斷。而以「玉體横陳」的香艷，映襯出周師入侵的憂患，以兩個鮮明對比的畫面，諷責後主的好色荒政，警戒之意極深。但是，類如「玉體横陳」的宮闈瑣事，較不爲史家所習用。義山用之，却有奇效，故朱彝尊云：「故用極褻昵語，末句接下乃有力。」（註六〇）

(3)翻案

義山詠史詩，爲使立意精切、不落俗套，每用翻案之法。推翻前人成說，獨闢蹊徑，使詩歌顯得清新有味。

如：咸陽

咸陽宮闕鬱嵯峨，六國樓臺艷綺羅。
自是當時天帝醉，不關秦地有山河。

秦據有關中，形勢險要，賈誼過秦論曰：「秦孝公據殽函之固，擁雍州之地，君臣固守，以窺周室。」

（註六一）秦的地理環境對其統一之業極有幫助，已有定評。但是，義山却以爲秦得天下由於天助——即是得之僥倖，無關山河之險。其意實由秦暴興而暴亡，山河之險不足憑恃立說，與其「莫恃金湯忽太平」之議論相應。

又如：詠史

北湖南埭水漫漫，一片降旗百尺竿。
三百年間同曉夢，鍾山何處有龍盤？

馮浩注此詩，引張勃吳錄：「劉備曾使諸葛亮至京，因覩秣陵山阜，乃嘆曰：鍾山龍盤，石頭虎踞，帝王之宅也。」金陵地勢之險已爲衆所認定，但是，義山以爲六朝歷經三百年而不保此地，可見地險不足恃，故有「鍾山何處有龍盤」的巧思奇語。

五、小結——義山透過寫作藝術所達到的效果

從義山詠史詩的寫作藝術之中，我們可以看出他達到了以下的效果：

1.使詠史詩具備實用性

義山善用史筆，又愛用七絕，將寓論於敍、由小見大、見微知著等筆法，納入七絕概括性甚精確的語言裏，張力極大。使史家所注重的明罪惡、懲私慾、表賢能、疾禍害、彰法式、辨疑惑之旨趣，表達得很鮮明，而獲致更高的鑑戒效果。

2.使詠史詩具備時代性

義山詠史與感時結合的寫法，使通古今的史識與詩中的政治見解，隱隱的落於時代之中，成爲時代的智慧。

3. 使詠史詩具備藝術性

義山對於歷史人物活動的場景有精緻的鋪寫，增加了史事的立體感。又善於在史筆中求超越。故義山的詠史詩確切的結合了史與詩，有論史的智慧，也有詩歌的感染力。於是，思古之幽情與歷史之鑑戒相融，而締造了義山詠史詩極高的藝術性。

第五節　結論

詠史的詩篇，是詩人透過時間的縱深，而展現出另一度空間，因此，是詩的領域的擴大。今古時空之間的對照映襯所產生的錯綜多彩，又是詩的藝術的提高。而詠史詩的發展，却經過一段頗長的時間。

詠史爲題，始於班固。建安時，阮瑀、王粲、曹植皆有所作。六朝詠史詩漸多，昭明文選有詠史一目，張協、左思、盧諶、鮑照皆有所作。（註六二）其中以左思的成就最高，他發展了詠懷型的詠史詩。（註六三）

詠懷型的詠史詩，其性質是主觀的。詩人以史作爲詠懷的材料，「詠史不過是手段，抒懷才是它眞正的主旨所在。」「所要表達的不是史實人物的本身，而是隱藏在史實人物背後的人生理想和人生態度。」（註六四）如左思詠史之三云：

吾希段干木，偃息藩魏君。吾慕魯仲連，談笑却秦軍。當世貴不羈，遭難能解紛。功成不受賞，高節卓不群。臨組不肯紲，對珪寧肯分。連璽燿前庭，比之猶浮雲。

此詩所欲表達的，是左思心中功成不居視富貴如浮雲的「高節」。段干木，魯仲連的事蹟，只作爲表達這個主題的材料，本身不具備獨立性。

唐人的詠史詩，作者更衆，難以枚舉。其中，以杜甫發展了覽跡懷古型的詠史詩，最具代表性。此種詩，幾乎皆以「地」（古跡）名篇，如登兗州城樓、九成宮、玉華宮，行次昭陵、禹廟、武侯廟、詠懷古跡……等，皆是其例。杜甫因地繫事，透過古跡的殘破荒涼，與起古今變化、人事無常的感慨。其特色是寫景物極精致，以此，透顯出的感慨也格外深切。如玉華宮：

溪回松風長，蒼鼠竄古瓦。不知何王殿，遺構絕壁下。陰房鬼火青，壞道哀湍瀉。萬籟眞笙竽，秋色正蕭灑。美人爲黃土，況乃粉黛假。當時待金輿，故物獨石馬。憂來藉草古，浩歌淚盈把。冉冉征途間，誰是長年者。

此詩寫玉華宮（太宗貞觀年間所作）的荒涼殘破甚爲傳神，前八句的描寫，透過古瓦、陰房、壞道的古跡，配上蒼鼠、鬼火交錯在松風秋色中，構成一幅具體鮮明的「古圖」，以此懷古，更有其依歸。這是杜甫邁越左思的地方。

至晚唐杜牧，透過詠懷古跡的方式，發揮了自己的看法，逐漸發展出史論型的詠史詩。如題烏江亭：

勝敗兵家事不期，包羞忍恥是男兒。江東子弟多才俊，卷土重來未可知。

此詩爲項羽兵敗之事翻案，以爲項羽若能隱忍恥辱，以其用兵之材、江東子弟之擁護，則可能反敗爲勝。詩中洋溢著愛惜英雄的情懷。

杜牧這類史論型的詠史詩，如故洛陽城有感、台城曲、赤壁、題桃花夫人廟、題商山四皓廟一絕、隋苑等，觀題即可知是由詠懷古跡型詠史詩發展而成的。可見杜牧還沒有就史論史的明顯意識。至於義山的詠史詩，比起左思與杜甫、杜牧，他又有進一步的發展：

一、史論型詠史詩的發展

義山以左思詠懷型史詩的構思與技巧，結合杜牧史論型史詩的智慧，發展了更成熟的史論型詠史詩。義山繼承了左思與杜牧的藝術成就，運用在史論型的詠史詩之中。其詩如覽古（莫恃金湯忽太平）、詠史（歷覽先賢國與家）、岳陽樓（漢水方城帶百蠻）、南朝（地險悠悠天險長）、驪山有感（驪岫飛泉泛暖香）……等，作者站在客觀的立場，評論史事，發揮其政治見解。並以古諷今，可爲當代的鑑戒，展現了作者的歷史智慧，這是吸收了杜牧的成就。但是，義山的論史，已由詠懷古跡的格套中突出，而純粹就史事議論，義山的覽古、詠史、南朝（見前）、宋玉（何事荊臺百萬家）、賈生（宣室求賢訪逐臣）、舊將軍（雲臺高議正紛紛）都是此例，這種意識擴充了詠史的廣大領域。而義山史論型的詠史詩，又能託古事以詠懷，世事多變，古今無常的感慨，瀰漫於詩中。這是吸收了左思的成就。論史與詠懷的結合，使義山的詠史詩同時賦含了知性與感性，且展現了交互作用的光輝。

二、場景氣氛的經營

義山利用詠懷古跡的筆法，進而作場景氣氛之經營。杜甫發展出的覽跡懷古型的詠史詩，精於描寫景物，並使情景相生，增加了詩篇的無窮韻味。義山承襲了杜甫的筆法，但是，不同於杜甫的因地繫事，義山採用的是因事寫景，透過場景氣氛的經營，將史事寫得更逼眞、更生動。於是，景物與史事結合得格外密切，景物不是烘托，它成了詠史詩這有機體的一個元素。

總之，義山的詠史詩，在領域的擴大、思想性的建立、寫作藝術的提昇各方面，皆有貢獻。

【附　註】

註　一：施補華，峴傭說詩，（淸詩話三，藝文印書館），頁一八。

註　二：沈德潛，說詩晬語，（淸詩話二，藝文印書館），卷上，頁一四。

註　四：同註二，頁一五。

註　三：吳調公，論李商隱詩的風格特色，李商隱詩硏究論文集，（國立中山大學中文學會主編，天工書局，民國七十三年九月初版），頁三四七～三四八。

註　五：方瑜，李商隱的詠史詩，中外文學五卷十一期（民國六十六年四月）、十二期（民國六十六年五月）

註　六：本段文字曾參考方瑜先生之文（見註五），並概略迻用部分文字。

註　七：荀子榮辱篇第四。

註　八：禮記郊特牲第十一。

註　九：見資治通鑑卷一百七十六，陳紀十，長城公至德二年。

註一〇：馮浩，玉谿生詩集箋注，（里仁書局，民國七十年八月台三版），頁一三。

註一一：本段文字，部分迻錄自拙著通鑑史論研究，（文史哲出版社，民國六十八年四月初版），頁一〇四。

註一二：劉知幾撰、浦起龍釋，史通通釋，（　界書局，民國五十八年九月再版），頁一〇九。

註一三：同註四，頁三四八。

註一四：史記屈原賈生列傳第二十四。

註一五：同註一四。

註一六：吳調公，論李商隱的愛情詩，同註四，頁三八一～三九六。有甚爲詳盡之解析。

註一七：見中華雜誌第二七六期，（民國七十五年七月），社論。

註一八：吳兢，貞觀政要，（河洛圖書出版社，民國六十四年十二月臺排印初版），第八卷，辯興亡第三十三。

註一九：同註一八，第六卷，論儉約十八。

註二〇：蕭統，昭明文選，（藝文印書館，民國五十六年十月五版），卷十一，頁十一。

註二一：見論語學而篇孔子之言。

註二二：薩孟武先生語，見其所著「中國政治思想史」，（三民書局，民國六十八年八月增補三版），頁二八。

註二三：見孟子公孫丑章句下第一章。

註二四：同註二三。

註二五：同註二三。

註二六：孟子公孫丑章句上第五章。

註二七：徐復觀，中國人性論史，（商務印書館，民國六十八年九月五版）頁二二。

註二八：荀子天論篇第十七。

註二九：同註二二，頁六〇。

註三〇：見舊唐書文苑傳。

新唐書文藝傳。

朱鶴齡，李義山詩集（箋注），（學生書局，民國五十六年五月初版。按：封面無「箋註」二字，依朱氏序補。）

馮浩註，見註十。

張爾田，玉谿生年譜會箋，（中華書局，民國六十八年五月台二版）。

楊柳，李商隱評傳，（木鐸出版社，民國七十四年七月初版）。

註三一：據張爾田，玉谿生年譜會箋，以下所列義山生平事蹟同此。

註三二：楊柳，李商隱評傳，（出版事實同註三〇），頁一八～一九。

註三三：傅樂成，中國通史，（大中國圖書公司，民國七十三年十二月再版），下册，頁四一九～四四三。

註三四：以上唐敬宗事，見資治通鑑卷二四三。

註三五：荀悅之言，見其所著前漢紀，（華正書局，民國六十三年七月台一版），高祖皇帝紀第一，頁一。

註三六：同註三〇，楊柳，李商隱評傳，頁三六〇。

註三七：史通卷十辨職第三十五

註三八：柳詒徵，國史要義，（中華書局，民國七十三年十月八版），史義第七，頁一三七。

註三九：同註三八，頁一二七。

註四〇：馮浩引徐說，以爲此詩爲李衛公而發，以蕭何比衛公，譏衛公不能勸武宗立其子爲皇儲。同註一〇，頁二七一。

註四一：事見史記卷五十三，蕭相國世家第二十三。

註四二：屈復，玉溪生詩意，（正大印書館，民國六十三年六月台一版），卷七，頁五八。

註四三：同註五，十一期，頁七六。

註四四：請參閱拙著，唐人絕句研究，（文史哲出版社，民國六十八年七月初版），第四章第五節，鍊意，頁八五～九一。

註四五：同註四四，第四章作法。

註四六：同註四二，卷七頁二一。

註四七：語本李元貞，論李義山律詩的風格和技巧，載於李商隱研究論文集，頁四九三。

註四八：如程夢星以爲北齊二首：「此託北齊以慨武宗、王才人游獵之荒淫也。」漢宮詞：「專爲武宗也，考武宗會昌五年正月築望仙臺於南郊，則次句比事屬詞最爲親切也。」見其李義山詩集箋注，（廣文書局，民國七十年八月再版），各詩注後按語。

註四九：同註四二，卷七，頁二。

註五〇：同註四二，卷五，頁七。

註五一：同註五，五卷十二期，頁九五。

註五二：顧炎武，日知錄，（明倫出版社，民國五十九年十月三版），卷二十七，史記于序事中寓論斷條，頁七三七。

註五三：司馬遷，史記卷八十六，刺客列傳第二十六。

註五四：徐復觀，兩漢思想史，卷三，（學生書局，民國六十八年九月初版），頁四一二。

註五五：同註五三，卷一百二十二，酷吏列傳第六十二。

註五六：見春秋左傳注疏卷第一（十三經注疏本）。

註五七：同註五四，頁四一六～四一八。

註五八：范曄，後漢書卷二十二，朱景王杜馬劉傅堅馬列傳第十二。

註五九：班固，漢書卷二十八上，地理志第八上，新豐爲京兆尹所轄縣。

註六〇：見朱鶴齡箋注，李義山詩集，（出版事實同註三〇），頁一二五，沈厚塽輯評。

註六一：見蕭統，昭明文選卷五十一所錄。

註六二：同註六一，卷二十一。

註六三：本段文字曾參：李正治，六朝詠懷組詩研究，（師大國研所論文，民國六十九年六月），頁八六～八八頁。

註六四：葉日光，左思生平及其詩之析論，（文史哲出版社，民國六十八年四月初版），頁七五。

第三章　李義山的艷情詩

第一節　前言

義山的詩中，以歌詠男女戀愛爲主要內容的，佔有相當的數量。這些詩，書寫「純粹愛情」的，如「無題」諸篇，只佔一小部分；其餘的大部分，都是「情」「慾」兼寫，乃至錯綜難分。面對這些現實，我們爲了涵蓋較廣的幅度，於是有相提並論的需要。

又從男女戀愛的本質來看，「完整」的戀愛，似乎應該包括「情」與「慾」在內，二者在不同的人們之間，雖有輕重、先後、取捨、層次的差異，卻難有截然畫分的事實。形上而形下，心理與生理，在人們對戀愛的感知中，雖有區別；於戀愛的行爲中，則多渾融。詩人所抒發的，也大多是「情」「慾」渾融的世界。一般將寫「情」的詩稱爲「愛情詩」、將寫「慾」的詩稱爲「艷體」詩，基於上述的理由和事實需要，我們將二者並爲一體，取古來習用的「艷情」以名之。

在研究義山的艷情詩時，有一些較特別的用意與態度，要先作一交代：

一、研究義山艷情詩的意義

義山的艷情詩在詩壇中，有其獨到的造詣與地位。

一般詩人寫艷情詩，大多是偶然的、隨感的，往往只是遣懷或遊戲的筆墨。黃永武先生以爲：由於我國婚姻制度須假媒妁、求德配，社會倫理中同性友愛超過異性感情，養成了私人不輕易宣洩男女之情的心習，因此，中國的情詩不發達。（註一）根據黃先生的話加以考察，我們發現連詩聖杜甫也不例外，情詩乃至情語的質與量，均不能和他類詩篇相比。成名的詩人是如此，而存在詩經國風或樂府詩中的情詩，雖然有其率眞熱烈、不受約制的特色，其創作的動機，還是出於隨興的感發。

義山則除隨興的感發之外，還有意的、認眞的去創作艷情詩。他已意識到、並且實踐了艷情詩——尤其是純情詩的價值。他在情詩的創作裏，體現了自我生命的價值。基於這崇高的創作動機，他終於達到了對艷情能入能出、旣沈湎又覺醒、主觀中帶有客觀的境界，這境界豐富而複雜，五光十色，充滿心靈與藝術的魅力。

因此，李義山是以全副生命去寫艷情詩的，他也在詩中實踐了自己，他的詩作達到了極高的境界，因而，義山在這方面的地位也就無可移易。我們可以說，義山是我國詩史上，極爲特殊的，以艷情詩名家的詩人，以其艷情詩的質與量說，古典詩人是罕有其匹的。甚至說：義山以其艷情詩即足不朽，亦不爲過。

二、態度與方法

研究義山的艷情詩，要具有適當的態度與方法。

由於義山的身世多曲折，而其詩又因豐富複雜等因素，呈現了相當程度的隱晦現象。於是，各角度的解釋與猜測紛紛出現，而後繼的討論，黨同伐異的意見更多。資料具在，無勞贅述。所謂「一篇錦瑟解人難」！「錦瑟」解固難，「鄭箋」則更是負擔。本文面對這些龐大的討論，研究義山艷體詩時，所持的態度與方法，有如下述：

1.對於詩的內涵把握，以基本的詩境爲準。透過詩的語言，文清字順的貫讀下去，其所呈現的詩境，即是我們據以討論的標準。除了基本詩境之外，我們不作過分的引申，或者附會。

2.關於詩中的「本事」，有具體資料可尋者，如題目、詩中字句之明白可見者，我們採取它作爲了解義山艷情詩具體內容的依據。如果詩中的暗示很強烈，能作合理的推測，我們也不放棄，但在行文中會加上「可能」、「也許」等文字，以示不武斷。凡是猜謎式、附會式的研究法，我們不用。

3.於古今人之說，我們認爲正確的，加以援用。認爲不正確的，我們儘量不提，以避免捲入沒有結果的討論之中，而妨礙本文的進行主線。

以這種態度與方法研究義山的艷情詩，自知必不能沒有缺點，譬如對考求一詩本事的保守態度，可能會使一詩的詩旨受到折扣或曲折。但是，話說回來，如果武斷的考定一詩的本事，而不正確的話，詩旨將受到更大的委屈與傷害！況且，基本詩境的把握乃是治詩的核心工夫，其旨雖晦，其境若明，則詩的多義性依舊可以展開，於詩而言，未嘗不是另一種收穫。因此，基本詩境的把握，我們以爲是較爲平妥的方法。

第二節　影響義山艷情詩的內外諸因素

義山艷情詩的概略，已如前述，以下，我們將探究影響義山創作艷情詩的各種因素，爲研究其艷情詩奠基。其中，屬於時代與社會環境方面的，我們列爲外在因素；屬於義山心靈世界的，我們列爲內在因素。

一、外在因素

關於唐朝的社會環境，對義山創作艷情詩的影響，討論得最詳備的，是近人吳調公先生。他在「李商隱愛情詩的歷史土壤」一段文字中，提出了三個因素：

「首先，唐代士女的游觀習俗對李商隱的愛情詩起了一定影響」，吳氏舉了義山病中早訪招國李十將軍遇挈家游曲江及寄成都高苗二從事爲例證。

「其次，貴家在新進士中的選婿風尙和新進士的通脫思潮也孕育了李商隱的愛情詩」，吳氏舉王茂元擇義山爲婿，及義山別令狐拾遺書中一段文字爲例證。並對義山的愛情觀有所詮釋：「李商隱的愛情生活也有著兩面性：既有蔑視封建禮法和恪守愛情堅貞的主要一面，但也不無有某些耽吟香艷，風流自賞的次要一面。前者表現爲優秀的愛情詩，後者表現爲某些庸俗的艷體詩」。

「再次，唐代道教思潮和女道士同文人的交游一時成風，也是李商隱愛情詩歷史土壤的一個方面」，吳氏舉義山燕台詩、碧城、聖女祠、重過聖女祠、月夜重寄宋華陽姊妹等詩爲例證。（註二）

吳氏對義山詩的社會背景，分析得相當周到。這由義山艷情詩的內涵即可看出（按：吳氏雖只提出義山的愛情詩，但是實際上已包含艷體詩在內，看其第二點說明即可清楚），譬如義山爲妻子王氏寫的情詩乃出於第二點，含有艷情的神仙詩及描寫女道士的詩出於第三點，爲柳枝所寫的詩及一些風月狎邪之詩則出於第一點、第二點。因此，我們即以吳氏的研究成果來說明義山艷情詩的外在因素。

二、內在因素

只憑當時社會環境的外在因素，還不足以說明義山艷情詩所以如此傑出的原因。理由很簡單：與義山時有來往的杜牧及溫庭筠，他們所處的社會環境與義山應該相去不遠，但是他們的艷情詩，與義山的風格與藝術水準都不相同。因此，我們要進而研究義山寫作艷情詩的內在因素——即其心靈世界。

關於義山的心靈世界，請參看本書第四章討論義山詠物詩的部分。現在要探討的，是其心靈世界與艷情詩的關係。

我們曾提出理想、執著、纖細是組成義山心靈世界的基本成分，而由此交織出義山繁富的心靈活動。對於事業是如此，對於愛情亦復如此，事業與愛情是義山一生戮力追求的兩個目標，其過程與結果有許多相似之處。因此，我們也要根據這三個基本成分，分析它對義山艷情詩的作用性。

義山懷有崇高的理想，於感情方面說：追求愛情本身，即是義山的理想。愛情在義山心目中有極高的價值，此由其鴛鴦中可以看出：

雌去雄飛萬里天，雲羅滿眼淚潸然。不須長結風波願，鎖向金籠始兩全。

鴛鴦象徵愛情之堅貞，在詞章中常見。鴛鴦爲免去分離之苦，長保相聚之愛，可以鎖入金籠犧牲自由而不顧。這不是表明追求愛情的價值竟超越獲得自由嗎？義山對愛情的觀點，於此詩已可略見一斑。義山肯定了愛情，他對愛情的態度是認眞的、嚴肅的、整全的，他於戀愛對象人格的尊重一如待己，因此，他的愛情「品質」比起他人要更爲純粹崇高。發之於詩，自然具有高雅性。義山愛情詩的魅力，有部分是出於愛情理想性的感染作用。

其次，義山對事有極強的執著精神，之於愛情亦復如此，甚至可說義山這方面的執著尤其顯著。我們在義山的詩中，往往可以讀到這樣的文字：

春蠶到死絲方盡，蠟炬成灰淚始乾。（無題）

蓬山此去無多路，青鳥殷勤爲探看。（無題）

這種對愛情永遠不放棄、生死以之的精神，瀰漫在義山的愛情詩中，顯現了詩人絕異的毅力，令人感動。義山另一首無題云：

> 含情春晼晚，暫見夜闌干。樓響將登怯，簾烘欲過難。多羞釵上燕，眞愧鏡中鸞。歸去橫塘曉，華星送寶鞍。

此詩描寫一個追求過程，充滿艱辛，並遭遇挫折。但是詩人由天黑守候到黎明，這種堅持顯示了義山絕異的痴情。締造了不平凡的感情境界。

復次，我們應注意到義山心思的纖細深刻的一面。因爲，義山有許多愛情詩，是細膩得令人喜愛，甚至令人微微驚愕的。如辛未七夕寫牛郎等待織女：「清漏漸移相望久，微雲未接過來遲」，透過小聲（清漏），微景（微雲）寫出久別夫妻的相盼心情，一點一滴皆可牽動情緒。又如正月崇讓宅，寫獨居悼亡（依何義門說，見馮注所引）之心情，輕急易感之下，「蝙拂簾旌終展轉，鼠翻牕網小驚猜」：蝙蝠、老鼠的輕微活動，都令詩人無從入睡。類似這種詩句或詩境，在義山詩中隨處可見，且於以後的文字中也會研析到這一點，在此僅舉一、二例子以便說明而已。

由以上敍述得知：義山的愛情詩，實爲其心靈世界的一個表徵。有如此心靈，而後有此詩篇。

三、小結——義山艷情詩生於內外諸因素的交融

較爲完整的說法，是義山的艷情詩乃生於內外諸因素的交融。

同樣處在唐代士女的游觀習俗之中，義山由於將追求愛情作爲生命的理想，對自己的愛情對象甚

爲尊重，對戀愛行爲出以認眞、嚴肅的態度。即使偶而的風月狎邪，也會寫出如板橋曉別的詩：

迴望高城落曉河，長亭窗戶壓微波。水仙欲上鯉魚去，一夜芙蓉紅淚多。

這種詩情境雙美，立意淳厚，充分的表現了對人對事的尊重。義山詩裏，即使對婢妾妓女的人格，也是尊重的，雖難免褻玩之舉，却無賤視輕薄之心。因而，他的艷情詩具有其他詩人的作品所難以比擬的水平。

又如義山爲王茂元擇爲女婿，婚後夫妻情感深篤。夫人棄世，義山的悼亡詩樸婉沈痛，這種夫妻之愛的始終不渝，乃原於義山執著的性格。在義山婚後於王氏，尷尬抑鬱於牛李黨局時，義山於詩中無一句怨悔語，即此可見其擇善固執的可愛。在唐朝重門第以覓前途的社會裏，有些人往往禁不住現實的誘惑，而棄去糟糠、就婚權門，在愛情中變節，元稹會眞記的故事即是一例。義山之不惑於世俗，正由於性格上的執著。

再如唐代女道士生活浪漫，義山和他們也有來往，而且產生了不少直接描寫或影射她們的詩篇。女道士們的行爲大多輕薄放蕩，却能以若干文彩自飾。一般人對她們，只是看成帶有若干宗教神秘意味的高級交際花而已。義山却對她們眞正付出感情，依依眷眷，誠懇感人，雖有時面對她們的放佚有所譏刺，但是，心中的眞感情却始終存在。

總之，只有以義山的心靈投灑在晚唐的歷史土壤裏，才能開出「義山體」的艷情之花。

附帶要說明的，是義山有些艷體詩，讀來不若愛情詩那樣莊重、認眞，是否與前述所言相背？關於這一點，我們並不需要刻意去迴護義山，義山的艷情詩，誠如吳調公先生所言：有「佳花」，也有「莠草」。（註三）但是，這些「莠草」：

一是數量不多

二是大多出於排遣或遊戲的心態，行爲言語雖有放肆之處，於對方人格却不失尊重。

三是在隱晦的詩語裏，往往存有寄託，仔細尋繹之後才可發現其中的遠奧。

這些特點，我們在後面會有較詳細的說明並舉證。目的是對義山艷體詩有較淸楚的了解，免得因誤會而影響了讀者對義山人格及作品的正確評詁，更希望不以這個小缺點而抹煞了義山艷情詩其他許多的優點。

第三節　義山的艷情世界

義山的詩中，呈現著豐富多彩、複雜迷離的艷情世界，這世界展現了不凡的魅力。讀者進入其中，大多是懷著感動、驚愕、歎賞或怊悵的心情，可見義山艷情詩感染力的強大；如果我們站開一步，加以觀照，會發覺這個世界，是由義山特殊的抒情對象、愛情觀、追求態度、以及對風月狎邪的態度等因素組合而成。在此諸因素中，有許多「特殊」的成分，組合而成的世界也就不同凡近。自然地，他的詩即在特殊獨有的境界裏，展現了詩藝的感染力。以下分別加以敍述：

一、隱顯錯綜的抒情對象

義山艷情詩的抒情對象，表面上可以分爲顯隱二類，顯的一類如夫人王氏、柳枝、女道士宋華陽姊妹、神仙等；隱的一類如無題類的純情對象，若干狎邪詩描寫的對象等。

義山爲夫人王氏所寫的詩，有詩題或詩旨可考的，大致可分憶內與悼亡兩個主題。憶內之作，如七月二十九日崇讓宅讌作：

露如微霰下前池，風過迴唐萬竹悲。浮世本來多聚散，紅蕖何事亦離披？悠揚歸夢惟燈見，濩落生涯獨酒知。豈到白頭長只爾，嵩陽松雪有心期。

此詩是作者在岳家王茂元的崇讓宅，爲家中妻子所作的詩。詩中感浮生多聚散，而功名亦不如意，加上思念妻子，歸夢更爲殷切。詩題中的崇讓宅是作者的岳家，說到紅蕖離披，歸夢不易，雖未明說「憶內」，推定爲憶內詩，是無庸置疑的。本詩賦含的感情，沈潛深厚，無激情綺語，但是情味綿長，表現了義山憶內詩的基本性格。據此而推，如無題（照梁初有情）、寓目（園桂懸心碧）、夜意（簾垂幕半卷）等，也都是憶內詩。

至於悼亡之詩，大多有明顯的標題或詩旨，如悼傷後赴東蜀辟至散關遇雪：

劍外從軍遠，無家與寄衣。散關三尺雪，回夢舊鴛機。

又如西亭：

此夜西亭月正圓，疎簾相伴宿風煙。梧桐莫更翻清露，孤鶴從來不得眠。

「劍外」一首，詩題已標明。「此夜」一首，馮注曰：「徐曰：崇讓宅有東亭、西亭，此與上章（按：指夜冷一詩）皆悼亡作。」則亦為悼亡詩。義山之悼亡詩與憶內詩的風格相似，感情綿長、語言平實，其中的區別，不過一寫淒涼之意、一寫眷眷之情而已。

其次，談到柳枝，義山有柳枝五首並有序，寫商家少女柳枝愛慕義山的詩，欲結織義山，後終因事遲延，柳枝已為東諸侯娶去。義山以詩抒其悵惘：

畫屏繡步障，物物自成雙。如何湖上望，只是見鴛鴦？（柳枝五首之五）

此五首詩，模倣樂府古體，誠如吳調公所言：「反映了青年時代詩人的稚氣和率性風格。」（註四）

其次，談到女道士宋華陽姊妹，義山有贈華陽宋眞人兼寄清都劉先生及月夜重寄宋華陽姊妹二詩，與宋華陽姊妹有直接關係，以月夜重寄宋華陽姊妹為例：

偷桃竊藥事難兼，十二城中鎖彩蟾。應共三英同夜賞，玉樓仍是水精簾。

詩中用東方朔偷桃、嫦娥竊藥的神話故事為材。東方朔偷桃為的是求仙，嫦娥在義山詩中則是長生與愛情相衝突的神仙，（註五）對女道士用這種意象描寫，並用「偷」、「竊」的字眼，其中的暗示已可知。而水精簾象徵著無形的阻隔。（註六）將這些意象綴聯起來，此詩表達了義山對宋華陽姊妹的愛慕之意，但是形格勢禁，無可奈何。

其次，義山有不少關係著神仙的情詩，如聖女祠、重過聖女祠、贈句芒神、辛未七夕、常娥、海客等，如贈句芒神：

佳期不定春期賒，春物夭閼興咨嗟。願得句芒索青女，不教容易損年華。

青女是秋神，主降霜雪。句芒是春神，主生萬物。當天寒肅殺之時，希望句芒與青女成配，在愛情薰陶下，青女必喜悅而去冰霜，則人間青春長在，不會歎息流年似水了！立意不但高妙，而且由人間愛情聯想到仙界亦有愛情，可謂推己及「仙」。

義山有關神仙的詩，研究的人們大多以爲是有所比喻（尤其是比喻女道士）、或者是有所寄託（如寄託義山與令狐綯的關係），這些，我們在後面會陸續談到。而陳祖文先生卻以「字面取義」的方法，認爲「不一定把可愛的女仙降格爲可愛的女人（宮女、女冠，或其他女性）」，他認爲在詩文裏，人神相愛的故事很多；而且義山早年學道，道教在當時是一種信仰，對神仙的敬愛出於自然。（註七）陳先生的看法，和本文重視基本詩境的主張相同，且使義山詩的詩境得以保持原有面貌，因此，基本上本文贊成這個看法。

以下，我們要就義山隱的一類抒情對象，加以敍述：

首先，值得注意的，是大多數極精美的無題詩，如相見時難別亦難、鳳尾香羅薄幾重、重幃深下莫愁堂、來是空言去絕蹤、颯颯東南細雨來、含情春晼晚等，描寫的都是崇高而理想的愛情，字裏行間，表現了款款的深情、執著的態度、失落的悵惘。這些詩中的抒情對象，不管是一人或多人，都是義山認眞付出感情的對象。

其次，有些嘲諷或風月狎邪的詩，對象亦不得而知。如風：

撩釵盤孔雀，惱帶拂鴛鴦。羅薦誰教近，齋時鎖洞房。

由裝扮描寫及「齋時」之語，可看出描寫的是個女道士。但是，孔雀釵、鴛鴦帶的打扮，「誰教近」的語氣並不莊重，很明顯的是諷刺女道士生活浪漫的詩。

又如無題：

壽陽公主嫁時粧，八字宮眉捧額黃。見我佯羞頻照影，不知身屬冶遊郎。

此詩用語稍帶尖薄，其對象很可能是裝扮入時的郊遊仕女或者倡女。義山以此詩，寫出了相逢時刹那的心靈感受，態度都是較輕率的。

我們敍述過了義山的抒情對象之後，雖可由顯隱二類大略了解義山豔情世界的幅度，並可約略推知義山豔情詩的本事。但是，其中却沒有那麼簡單，因爲，義山二類的對象中，常常有錯綜的情形發生。這可由下列幾種情形來說明：一是顯中寓隱，二是隱中有顯。

先說顯中有隱，這是標題或詩旨很明確，而詩中却寄託有深意，於是明顯對象成爲隱微對象的替代，這種詩以神仙詩居多。如聖女祠：

松篁台殿蕙香幃，龍護瑤窗鳳掩扉。無質易迷三里霧，不寒長著五銖衣。人間定有崔羅什，天上應無劉武威。寄問釵頭雙白燕，每朝珠館幾時歸？

這首詩以聖女祠爲題，但是以崔羅什邂逅長白山劉夫人的仙鬼故事爲典，又以聖女晚出晨歸相諷，而五銖衣、白燕釵又像女道士的裝扮。會合這幾個因素，程夢星斷爲「爲女道士作」，並加以頗詳盡的解說，（註八）馮注也持相同的看法。如此，作者表面上說的是聖女，眞正說的却是女道士。

其次，是隱中有顯，這是標題或詩旨並沒有說明對象，但由詩語或詩風的一些線索，却可以推出是爲誰而作。如夜雨寄北：

君問歸期未有期，巴山夜雨漲秋池。何當共剪西窗燭，却話巴山夜雨時。

詩中有「歸」字，而剪燭西窗頗類夫婦生活的情趣，所以馮注說：「語淺情濃，是寄內也。」近人吳調公先生即列爲義山與夫人王氏的詩。（註九）根據這個說法，這首詩具有明確的抒情對象，但是，標題及詩旨並沒有明說。

由以上敍述，得知義山的抒情對象，是顯隱錯綜的，因爲這個特色，我們要確定義山的詩爲誰而寫，委實很難：明顯的詩題或詩旨，却不一定爲表面的對象而寫；一般性的詩題或詩旨，又未必不含有某些特殊的對象。由於對象的不確定，導致本事的難明。

義山的豔情詩，既然在抒情對象和本事方面具有朦朧迷離的特色，我們研讀時，除了有明確根據之外，實不必作太肯定的猜測。他的若干詩篇，誠如葉嘉瑩先生解釋「無題」時所云：「不是針對某人某事而發」，（註一〇）因此，猜測難免會膠著；不猜測，反而顯得多彩。進一步說，由於對象、本事的不易確知，而因隱晦含蓄而產生的曖昧性和多義性，讀者在其中可以有更大的自由去開拓、創造，而使詩境顯得更深更廣，詩歌的感知作用發揮得較大，這是另一項收穫。

二、愛情的完美崇高

義山的內心，一直將追求愛情視爲一生的理想，同時他也認眞、執著的去做。在他的想法中，愛情應是至高無上、完美無缺的。這樣全面肯定愛情的態度，在古詩人中很少有，因此，義山抱持這種態度寫出來的情詩，自然也就出類拔萃。而義山這種完美崇高的愛情觀，正是他執著追求、常遇挫折及時有愛情無常感的根源。研究義山的情詩，必須重視「觀瀾而索源」，才是執本之道。

義山的愛情觀——完美崇高，包含了下列成分：

1. 愛情與生命等值

義山的詩中，隱約浮現著愛情與生命等值的觀念。生命有多高的價值，愛情就有多高的價值。我們前面已根據義山的鴛鴦詩：「不須長結風波願，鎖向金籠始兩全」，說明了愛情的價值超過自由。

再看義山的過楚宮：

巫峽迢迢舊楚宮，至今雲雨暗丹楓。微生盡戀人間樂，只有襄王憶夢中。

此詩以雲雨瀰漫，暗喻神女與楚襄王的眷眷情愛。而神女一生所憶的，竟只是這段情愛。似乎神女的生命價值即建立在其中。

又如常娥：

雲母屏風燭影深，長河漸落曉星沉。常娥應悔偷靈藥，碧海青天夜夜心。

這首詩是大家熟悉的好詩，立意別緻，文辭優美。其中正浮現著義山的愛情觀：常娥竊藥，得以長生，而離開夫婿後，面對永恆的寂寞必有悔心。這一「悔」字，不正說明了夫妻凡間有限的歡聚却超過了仙界寂寞的長生？

愛情的價值超過寶貴的自由，超過仙界的不死，連神仙都要爲之眷戀，這眞正愛情至上的宣言，是愛情與生命等値的看法。義山本著這個看法，因此，所有與愛情有關者，都有特異的意義與光輝，呈現了不朽的愛情世界。李少白先生以「唯情」概括義山的文學，並說明這種文學所以感染人的原因：

「情」一字貫穿了時空之際的變化，表現出詩人的內在心靈世界，吾人在此世界的洗禮下，在情的衝蕩往復裏，領略百般幻變的人生和人生底層的刼餘感受，與作者同悲喜、同歌泣，而使唯情的文學發生震撼生命的價值。（註一一）

義山一生多情，尤其沈淪於愛情，以這段文字來敍說義山的愛情觀和愛情詩，再取無題諸篇加以印證，可以看出此文的深刻，而「唯情」之說，用來詮解義山的一生，也顯得分外貼切。

2.愛情的純粹性

義山心目中的愛情，是極純粹的，不雜有現實的條件，如地位、金錢、身分等。

義山之代魏宮私贈云：

來時西館阻佳期，去後漳河隔夢思。知有宓妃無限意，春松秋菊可同時。

此詩以曹植、甄后的愛情故事爲題材，義山代甄后（宓妃）致意，以爲只要出至情，則不同的種種現實條件（春松、秋菊）都可不論，而能相愛。義山的純情觀念之下，竟不計曹植、甄后的君臣叔嫂的一切間隔，而欲令其「同時」。

義山的純情觀念甚至能突破歷史的是非功過，而使歷史人物的愛情具有獨立的境界。如唐玄宗與楊貴妃的愛情因爲牽涉政治上的功過，評論者大多持好色荒政的責備口吻。義山對於玄宗的過失，雖有尖銳的諷刺，如龍池、驪山有感等諷玄宗之奪媳，華清宮（華清恩幸古無倫）諷貴妃之弱唐室。（註一二）但是，在愛情層面言，義山却能超脫這些功過，純粹由兩人的感情下筆，如馬嵬二首之二：

海外徒聞更九州，他生未卜此生休。空聞虎旅鳴宵柝，無復雞人報曉籌。此日六軍同駐馬，當時七夕笑牽牛。如何四紀爲天子，不及盧家有莫愁！

詩由貴妃的立場抒情，責馬嵬兵變之時玄宗不能庇一愛妃，反不如民間夫婦。回想當年生生世世爲夫婦的誓言，今已成空，不禁對玄宗的軟弱發出無限嗔怨。讀此詩，我們會把貴妃看成愛情失意的女子，而加以同情。其原因即是受到義山愛情純化的影響。

3.愛情對象的人格尊重

眞有愛情者，對於愛侶的人格必定尊重，彼此站在平等的情況下相愛，義山即有這種自覺。義山詩中對夫人王氏、柳枝、宋華陽姊妹等有關的詩篇，對她們的人格都十分尊重。即連爲逆旅一夜相逢的流鶯，（註一三）所作的板橋曉別：

迴望高城落曉河，長亭窗戶壓微波。水仙欲上鯉魚去，一夜芙蓉紅淚多。

相聚雖短暫，情愛彌眞切，芙蓉紅淚是這樣感人。其中沒有一句輕賤或玩弄對方的語言，是平等的互愛。這比許多人將妾妓之屬當成玩物的心情，精神層次是高出太多了。義山可謂是眞正了解愛情眞諦的詩人。

三、愛情的生死執著

義山既認定愛情的理想性，愛情是完美崇高的。於是他一生便根據這個認知，去追求它。義山的追求態度是執著的、認眞的，一生辛勤，至死不悔的。

義山對愛情的執著態度，最明顯的表現是無題：

相見時難別亦難，東風無力百花殘。春蠶到死絲方盡，蠟炬成灰淚始乾。曉鏡但愁雲鬢改，夜吟應覺月光寒。蓬山此去無多路，青鳥殷勤爲探看。

此詩是家喩戶曉的名作，亦是義山對感情表態的佳篇。由環境的「難」和作者的執著相互抗衡中，顯出作者挫折而不屈服的不凡毅力。第一聯敍說環境的「難」；二聯表示至死不止的執著追求，最足以顯示作者的意志力；三聯是在難中彼此的困頓；四聯則永不放棄，是二聯的再強調。整首詩來說，呈現著：「難——奮鬥——難——再奮鬥」的永不止息的追求精神，十分令人感動與讚佩。

義山不僅對愛情的追求是執著的，連對愛情的憶念，亦是執著的。對未得或已失，都是出於同一態度，可看出義山對愛情的無所不執著。關於這點，從義山對妻子的悼亡詩，最能看得出來。義山詩中，有些由詩題已可看出他在妻子亡故後的心情，如王十二兄與畏之員外相訪見招小飲時予以悼亡日近不去因寄、悼傷後赴東蜀辟至散關遇雪等，對悼亡之事時時存乎心中，如以詩篇加以分析，更可看出義山於亡妻的綿邈的深情，如房中曲云：

薔薇泣幽素，翠帶花錢小。嬌郎癡若雲，抱日西簾曉。枕是龍宮石，割得秋波色。玉簟失柔膚，但見蒙羅碧。憶得前年春，未語含悲辛。歸來已不見，錦瑟長於人。今日澗底松，明日山頭蘗。愁到天地翻，相看不相識。

此詩由日常瑣事，如嬌兒不解失母之痛、枕簟依舊而妻子已逝、及初病時之不祥預感等鋪寫自己對亡妻的憶念。「今日澗底松，明日山頭蘗」似指到處流浪，「愁到天地翻，相看不相識」即是天地已變、人世全非，依舊愁情難解。在時間的流程裏，現在是愁、將來是愁、永遠都是愁，這是義山對亡妻感情的執著，其專誠之心，自成境界，篤定不移。

總之，義山對愛情的追求和憶念，都表現得執著篤定，洋溢著堅貞的風骨，這是對愛情觀的全力實踐，更是對愛情眞正的承擔。呂興昌先生在分析過「相見時難別亦難」之後，說：

「春蠶到死絲方盡，蠟炬成灰淚始乾」，乃是對於「相見時難別亦難，東風無力百花殘」此一困境的答覆！固然此一困境是難堪的、無望的，但是詩人却並不因此就屈服，相反的，他却因此而更執著於自己有限的生命……義山詩的整個面貌和實質，很顯然地都在表現一種人類無可

如何的悲劇，且勇敢地面對此一悲劇，承擔此一悲劇。（註一四）
義山一生悲劇的內容自然不止於愛情，但是他在這方面所表現的執著却特別明顯，面對的勇氣、承擔的毅力，都閃耀著殊異的光輝。

四、愛情的細緻深刻

義山具有崇高的愛情觀，又有執著篤定的追求精神，進一步他更要求愛情品質的細緻深刻。義山於自己的愛情對象，或觀照中的其他戀愛事迹，他們的神情姿態或心理活動，都觀察得很入微、體會想像得很細密，寫入詩篇，連運用的語言都是細膩的。讀他的情詩，時時可以感覺到細緻深刻的意味，如無題云：

腰細不勝舞，眉長惟是愁。

將少女的身體特徵：「腰細」、「眉長」寫出之外，連她的心裏感覺：倦怠感和清愁，都寫出來了。又如辛未七夕云：

清漏漸移相望久，微雲未接過來遲。

寫織女星在七夕遲過銀河，詩人佇望良久，不禁暗暗心急。由這裏可以體會作者用心的細膩。又如水天閒話舊事：

已聞珮響知腰細，更辨絃聲覺指纖。

「腰細」由於「珮響」的聯想、「指纖」出於對「絃聲」的想像，這種靈虛優美的意象，乃出於作者精心的塑造。

至於作者在戀愛活動中，所表現的細膩關懷、精心付出、對有關事物敏銳精細的感受、於對方情意的仔細體會或想像等，瀰漫在義山的情詩之中。讀之，似乎可感受到義山感情的「無孔不入」，有種極貼心、極受關懷的感覺，如春雨云：

悵臥新春白袷衣，白門寥落意多違。紅樓隔雨相望冷，珠箔飄燈獨自歸。遠路應悲春晼晚，殘宵猶得夢依稀。玉璫緘札何由達？萬里雲羅一雁飛。

此詩於自己不遇之時，憶及昔日感情，但是形格勢禁，連寄信息都不能，心中悵惘難禁。作者體情的細膩，不管是寫自己或對方都表現得很明顯，其中尤以中間二聯最具特色：

「紅樓隔雨相望冷，珠箔飄燈獨自歸」偏於寫彼此的行爲，而由寫行爲中也寓含著寫心情，第一句寫自己，自己是白衣白門的落魄者，對方卻住在紅樓富貴人家，兩相對照，心頭不禁覺得淒涼（冷）無望。第二句寫對方：珠帷深重的車上，燈影飄搖，妳獨自歸去了——深閉和孤獨，妳該是非常寂寞的。寫自己的心境，由貧富的對比引出了「冷」；對方的心境，則由深閉和孤獨中引出寂寞，都寫得詳細而曲折。

「遠路應悲春晼晚，殘宵猶得夢依稀」偏寫心情，第一句寫對方：妳在遙遠的地方（「遠路」應爲主觀的空間距離，因爲阻隔，所以路遠；否則紅樓隔雨可望，路何曾遠？），於春天的日暮應該會感到寂寞悲涼吧？第二句寫自己，只有在午夜夢回時，才能擁有往日情懷吧？體會對方的心、抒寫自己的感情，雖然無奈，却很精巧。

義山的悼亡詩，抒寫對亡妻的憶念，也以細緻的語言寫出沉痛悲涼的感情，如西亭云：

此夜西亭月正圓，疎簾相伴宿風煙。梧桐莫更翻清露，孤鶴從來不得眠。

在岳家的西亭，月圓風輕，應是夫妻尋好夢的時候；然而物是人非，則良辰美景反添悵恨。在孤寂的夜裏，只有疎簾相伴，憶念亡妻之情是與時俱增的，因此，連梧桐葉上滴下清露的小小聲音，都使詩人震驚不已，難以入夢。寫憶妻心情的易於悸動，十分入微。

義山情詩的細緻深刻，今人已曾注意，如楊柳先生云：「詩人善於運用細膩的筆觸，凝鍊的語言，刻劃戀人們曲折微妙的心理活動，描摹他們的神情姿態，從而塑造出一系列鮮明的形象」，（註一五）李商隱詩選認爲義山春雨詩以隔絕的環境和相思情懷交融，「把詩人寥落善感的心情細緻地表現出來」，（註一六），都看出了義山抒情藝術中很重要的細緻深刻的一面。

五、愛情的變幻無常

理想中的愛情雖然完美崇高；在現實裏，愛情却往往是變幻無常的。這是理想性和現實性的對立，也是愛情悲劇的根源。

義山心目中，把追求愛情看成是人生的理想，在他愛情的國度裏，鳥語花香，兩情相悅，地老天荒，此情不渝，眞是集衆美所成的世界。但是，在現實世界中，愛情都是有相當限制和阻隔的。即以義山較可靠的愛情事迹而論，一生恐怕只有妻子王氏的愛情是永久而貞定的；柳枝對義山的愛慕，至爲東諸侯娶去遂絕；女道士的愛情是縹緲多變的；至於旅遊邂逅或風月狎邪的對象，就算有愛情，也是短暫的；至於恩愛逾恆的妻子，却不能長相廝守而早逝……義山的愛情境遇，由於不同的原因，帶給他的種種挫折——理想難伸的挫折！由許多的挫折中，詩人終於悟解出人世的愛情世界往往是變幻多端的。

義山愛情世界的挫折，充滿在他的詩作中：

來是空言去絕蹤，月斜樓上五更鐘。（無題）

樓響將登怯，簾烘欲過難。（無題）

相見時難別亦難，東風無力百花殘。（無題）

扇裁月魄羞難掩，車走雷聲語未通。（無題）

本是丁香樹，春條結始生。玉作彈棊局，中心最不平。（柳枝五首之二）

這些都是尋常習見的詩句，所表現的共同情狀，是環境困難，感情受阻，而產生許多無奈。

對於他人的情愛，義山也體會出挫折，如題二首後重有戲贈任秀才云：

一丈紅薔擁翠筠，羅窗不識繞街塵。峽中尋覓長逢雨，月裏依稀更有人。虛爲錯刀留遠客，枉緣書札損文鱗。遙知小閣還斜照，羨殺烏龍臥錦茵。

表面的題意是戲贈友人，其主旨却是頗嚴肅的。由詩語可知，任秀才眷戀的是一位妓女，生張熟魏、送往迎來，爲了金錢（錯刀）不免有一些虛情假意，何曾爲任秀才的錦繡文章動過心？義山在友人追求受挫後，告訴友人：夢該醒了！

又如寄懷韋蟾云：

謝家離別正淒涼，少傅臨岐賭佩囊。却憶短亭迴首處，夜來煙雨滿池塘。

詩中「少傅」的典故，是用晉書所載：謝幼度好佩紫羅香囊，叔父謝安石不喜歡他的浪漫，於是賭取香囊焚之。池塘是鴛鴦棲息之所。整首詩誠如馮注所云：「豈韋有艷情而爲長者禁絕之邪？」詩寫得含蓄優美，但韋蟾的艷情受挫於長輩的阻隔，却是殘酷的現實。

義山在現實環境中，根據自己的經驗，眼見他人的遭遇，到處可見愛情的挫折。挫折一多，發覺人世間的感情，常常會因爲外界的影響、內心的左右，而難以保持完美及貞定，於是義山悟出了愛情的無常性。

義山悼念亡妻之房中曲云：「枕是龍宮石，割得秋波色。玉簟失柔膚，但見蒙羅碧」，昔日的明眸柔膚，今日已化塵土！其描寫邂逅艷情之如有云：「良宵一寸艷，回首是重幃」，以「一寸艷」象徵愛情。「重幃」象徵重大的隔絕，昔時良宵，今已渺然！愛情會因爲生離死別而變幻，其實世間的現實條件，往往都使愛情不能長保，義山萌生無常之感，實在其來有自。

義山對無常之感的驚懼和無奈，在他的一片這首詩中表現得最明顯：

一片非煙隔九枝，蓬巒仙仗儼雲旗。天泉水暖龍吟細，露畹春多鳳舞遲。榆莢散來星斗轉，桂花尋去月輪移。人間桑海朝朝變，莫遣佳期更後期。

此詩借仙界以喻人間，詩旨在表達時光荏苒，世事多變，當及時把握歡愉之情，不可錯過。前四句一片溫暖歡愉，第一、二句由「非煙」、「蓬巒」、「仙仗」、「雲旗」可知所寫者爲仙界。第三、四句，以「龍吟」、「鳳舞」象徵男女兩情相悅，「細」、「遲」寫其細緻從容，「天泉水暖」、「露畹春多」寫出美好舒適的環境，兩句的象徵豐富而明確，塑造了極美好的境界。後四句則目睹物象的變化而有警惕之意。「星斗轉」、「月輪移」寫時光飛逝，第七、八句才是本詩所要強調之處，人世間滄海桑田的變化無時或已，不能蹉跎時光誤了佳期呀！在無常之中，詩人渴望把握住剎那的眞實。

詩人對愛情懷持崇高的理想、以執著的追求和細密的心靈去面對它。但是當他在現實環境中，眼見自己或他人的愛情處處有挫折，終於悟解出愛情的變幻無常，這是清醒的認知，甚至清醒到似乎能看破愛情！他的無題云：「春心莫共花爭發，一寸相思一寸灰」！幾乎是對愛情的絕望。

然而，雖有清楚的認知，義山對愛情依舊是沈湎的。其原因，一方面固然是義山肯定愛情的意義、提高了它在生命中的層次；另一方面也是一往情深、不能自已。義山的認知，出於他的智慧；義山的沉湎，出於他的深情。他的詩中，既有認知的超越，又有深情的沉湎，兩種不同的心境，竟能共同存在，而且映襯、激蕩、交織、閃現著智慧與深情相輔相成的光輝。

六、愛情的憾恨涼冷

義山的愛情世界裏，圓滿愉悅的情境很少，有的話，也是短暫單薄，變幻多端。大部分的情境，是充滿涼冷的感覺、憾恨的心情。

義山憾恨涼冷的愛情世界，其形成的原因，固然由於客觀環境裏，義山的愛情並不圓滿，殘缺的現實造成了內心的陰影。然而，另一個更重要的原因，是義山自己的心境使然。我們讀義山的詩，發現義山都由別離、不可得、已逝、隔絕等不如意的角度去看愛情，且往往由失戀的回憶中去品味愛情，在此種情形下，心中產生憾恨涼冷幾乎是必然的。

義山的詩中，常寫別離，如無題云：「相見時難別亦難，東風無力百花殘」，「扇裁月魄羞難掩，車走雷聲語未通」，曲池云：「從來此地黃昏散，未信河梁是別離」，板橋曉別云：「水仙欲上鯉魚去，一夜芙蓉紅淚多」，飲席戲贈同舍云：「唱盡陽關無限疊，半杯松葉凍頗黎」，在無可奈何的別離情緒中，百花凋殘、紅顏遠去、離歌傷懷、佳人多淚，在在都是憾恨；「殘」、「淚」、「散」、「凍」這些字眼，很有效果的塑造了涼冷的情境。

詩中寫不可得的愛情，如柳枝五首描寫柳枝愛慕義山的才華，義山因故未締情愛，柳枝已為東諸侯娶去，其第一首即寓含著義山的憾恨：

花房與蜜脾，蜂雄蛺蝶雌。同時不同類，那復更相思？

詩中也描寫已逝去的愛情，篇幅最多的，是義山的悼亡詩，完全是訣望斷腸的血淚之作，如王十二兄與畏之員外相訪見招小飲時予以悼亡日近不去因寄云：「更無人處簾垂地，欲拂塵時簟竟牀……愁霖腹疾俱難遣，萬里西風夜正長」，房中曲云：「玉簟失柔膚，但見蒙羅碧」，西亭云：「梧桐莫更翻清露，孤鶴從來不得眠」，夜冷云：「西亭翠被餘香薄，一夜將愁向敗荷」，昔日與妻子同處的場所、同用的器物都在，而妻子已逝，情何以堪？西風長夜、簟空簾垂、梧桐滴清露、荷葉凋殘，都象徵著義山憶亡妻時的淒涼心情。

詩中也描寫愛情遭受隔絕之苦，如無題云：「劉郎已恨蓬山遠，更隔蓬山一萬重」，「重幃深下莫愁堂」，代魏宮私贈云：「來時西館阻佳期，去後漳河隔夢思」，碧城三首之三：「七夕來時先有期，洞房簾箔至今垂」，春雨云：「紅樓隔雨相望冷，珠箔飄燈獨自歸」，夜雨寄北云：「君問歸期未有期，巴山夜西漲秋池」。在上舉諸例中，眞正因爲地域之隔，如夜雨寄北者不多，其他例子大多寫的是人爲的隔絕，紅樓可以相望，只因爲其他人爲原因才會隔；曹子建與甄后的相隔，表面上是西館與漳河，實際上却是兄長曹丕的防閑；蓬山、重簾都只是人爲隔絕的象徵，不是實寫，細繹詩境自然得知。義山詩中，似乎門第、階級、禮法等隔絕愛情的鬱積特別濃厚，詩人心中，社會規範與愛情自由的衝突格外受到重視。

由素材的歸納看來，義山描寫愛情的憾恨涼冷，在神仙和女道士有關的情詩中，顯得格外普偏。描寫神仙的，如常娥云：「常娥應悔偷靈藥，碧海青天夜夜心」，河內詩二首之一云：「嫦娥衣薄不禁寒，蟾蜍夜艷秋河月」，寫嫦娥離別夫婿、深閉月宮的淒冷，碧海、青天、衣薄，處處都寫出「寒意」。描寫女道士的，如天平公座中呈令狐令公云：「更深欲訴蛾眉斂，衣薄臨醒玉艷寒」，月夜重寄宋華陽姊妹云：「應共三英同夜賞，玉樓仍是水晶簾」，或寫女道士欲訴情思而未得，或寫義山欲與宋華陽姊妹共同賞月談心而未能，都在詩中隱含著許多不如意，其中尤以銀河吹笙最具代表性：

悵望銀河吹玉笙，樓寒院冷接平明。重衾幽夢他年斷，別樹羇雌昨夜驚。月榭故香因雨發，風簾殘燭隔霜清。不須浪作緱山意，湘瑟秦簫自有情。

此詩從「銀河」、「緱山」（太子晉於此升仙）的線索，可看出是義山借仙境以寫女道士的愛情生活，是對已斷絕的往事之回憶，詩中描述孤獨夢斷的淒涼，聞故香、覩殘燭，而感到樓「寒」院「冷」，爲之惆悵不已！全詩不管在語言的運用（如以玉笙、樓寒、院冷、殘燭、霜雪寫感覺，以斷、驚寫心情），或情境的塑造（如衾中重溫已逝的舊夢、孤鳥棲樹的半夜驚醒），都使人讀後悵惘難禁。

神仙與女道士的愛情世界，應該不同於俗世，但也如俗世的淒冷。則義山的心目中，不只是人世，乃至女道士或神仙，愛情都有限制與挫折，都是變幻無常的，宇宙中的愛情世界皆不例外，逃不過憾恨涼冷的宿命！

七、艷體的浮蕩粗略及感官性

義山有些詩，是偏於描寫男女情欲的艷體詩。其中，缺乏理想崇高的精神層面，而傾向消解或滿足情欲的感官層面，因此，往往態度是浮蕩的、用情是粗略的。

義山艷體詩表現的浮蕩態度，如飲席代官妓贈兩從事云：「願得化爲紅綬帶，許教雙鳳一時銜」，寫出了妓女的人盡可侍。無題云：「豈知一夜秦樓客，偷看吳王苑內花」，則寫出了自己佻薄的心態。有時還利用隱晦的文字，暗寫某些人們的私情，如殘花云：

殘花啼露莫留春，尖髮誰非怨別人。若但掩關勞獨夢，寶釵何日不生塵？

本詩雖不能句句明解（如第二句即甚晦澀），但是透過「獨夢」的線索，「殘花」、「啼露」、寶釵生塵的比喻或象徵，我們可以看出它是描寫一位女性的沈湎情欲。一日獨夢，則寶釵生塵，這位女性眞是沈淪在慾望中了，而作者的描繪也未免尖薄。

義山在詩中，也曾描寫某些短暫、飄浮，一過即散的情緒，這與他對愛情的執著有顯著的不同。如無題云：「春風自共何人笑，枉破陽城十萬家」，寫遊春女子（可能爲風塵之類）的嬌美放逸，義山心中自然有些心動，但是，「枉破」二字暗示了對方特殊的身分，也中止了詩人的情緒。

在浮蕩的心態、粗略的用情裏，男女的來往容易以感官層面爲取向。因此，義山艷體詩中，也有關於性愛的比喻或象徵，乃至直接的描述。如深宮云：「狂飇不惜蘿陰薄，清露偏知桂葉濃」，兩句含有特殊暗示（如加上「不惜」、「偏知」等描寫人類行爲的詞語）的寫景詩句，加上末聯的「爲雨爲雲」，即可知是性愛的象徵。又如碧城三首之二云：「紫鳳放嬌銜楚珮，赤鱗狂舞撥湘絃」，如以全首詩來看，本詩是七律，除此二句之外，其餘六句都寫男女的交往，中間加上這兩句，紫鳳含珮、赤鱗撥絃是很明顯的性愛象徵。至於鏡檻一詩，則有對性愛的直接描述了：

想像舖芳縟，依稀解醉羅。散時簾隔露，臥後幕生波。梯穩從攀桂，弓調任射莎……

義山的艷體詩一般都由上述角度（態度、用情、感官）去觀察；但是，義山在這方面含有嚴肅的心態，我們也當注意：義山的艷體詩中，亦寓含有諷喩之意，如題二首後重有戲贈任秀才，寫任秀才追求的青樓妓女：「峽中尋覓長逢雨，月裏依稀更有人。虛爲錯刀留遠客，枉緣書札損文鱗」，是爲了金錢而迎新送舊的，怎値得秀才癡情眷戀呢？「戲」字裏已含諷勸秀才清醒之意。又如可歎云：「梁家宅裏秦宮入，趙后樓中赤鳳來。冰簟且眠金鏤枕，瓊筵不醉玉交杯」，秦宮與梁冀妻孫壽私通，赤鳳與趙飛燕私通，用此二典，可看出「冰簟」一聯是描寫不正常的性愛，而「可歎」的詩題得知義山是諷刺詩中女子的放蕩行爲。又如當句有對云：「但覺遊蜂饒舞蝶，豈知孤鳳憶離鸞」，馮浩注此聯曰：「止有冶情，並無離恨」，總評此詩則曰：「此亦刺入道公主無疑」。由上述諷喩的例子看來，義山對於風月狎邪的行爲，雖有偶而動心的時候（義山眞正的艷體詩不多），然而，他的智慧足以看出男女感官層面的活動，往往含有庸俗性（如金錢買賣）和墮落性（如沈淪於朝秦暮楚的迎送），應該有所警惕。

八、小結——相反相融、豐富淒美的世界

統觀義山的艷體世界，我們會發現其中含有許多互異矛盾的因素，經過義山的心靈將其安頓、組

織之下，却能彼此相融，並由此顯得繁富和諧。但是，義山現實的挫折太多，又復靈心善感，他對艷情的總體感覺是涼冷而充滿憾恨的。由此，他的艷情世界是豐富而淒美的。

義山的艷情詩，往往同時含有相反的因素，例如：

1. 理想與現實：義山對於愛情滿含理想，把它看成至高無上，與生命等值，他也認識愛情的純粹性，於愛情對象的人格十分尊重，這都是義山在愛情的理想性上開闢的境界，有很高的層次。然而，義山對愛情現實性的憂患感也特別深。如前述春雨的「白門寥落意多違」與「紅樓隔雨相望冷」的相對，自己是寒家，對方屬富貴，這種現實的阻「隔」，是會讓人心「冷」的。又如和韓錄事送宮人入道一詩，寫宮人一旦進入道觀，與世俗隔絕，則雖有至情亦必成空：「當時若愛韓公子，埋骨成灰恨未休」，說出世間的愛情原多限制。理想與現實共存之下，我們看得出義山是帶著現實壓迫的憂患去追求愛情的理想。

2. 春心與灰滅：義山無題詩的名句云：「春心莫共花爭發，一寸相思一寸灰」，非常富於愛情的哲理。由於春心的不恆定，環境時有限制，許多愛情不能有圓滿如意的結局，體驗一多，自然會覺得春心是「方生方死」的。很奇妙的，是義山詩中春心的蓬勃和灰滅的無奈，是並存的，一面是「青鳥殷勤爲探看」的祈願，一面則是「來是空言去絕蹤」的殘酷事實。義山不是不知道春心有傾刻轉爲灰滅的可能，但他是放不下綺麗多彩、使生命增輝的春心，表現在他的詩中，遂顯現了希望與絕望對立輝映的光彩。

3.純情與官能：義山描寫心中純情的，如無題、錦瑟、春雨等詩，洗淨了男女情欲，直抒男女內心深處感情的清純，這種形而上的純情締造了我國情詩特殊而清高的境界，呈現了人世間極爲可貴的、連情欲都可超越的無條件的愛情。然而，他的艷體詩，却用動人的意象，美麗的語言（如：紫鳳放嬌銜楚珮，赤鱗狂舞撥湘絃），描寫男女官能世界的活動，由造境之鮮明生動，亦可體會到作者沈湎的心境。感情的超越、淨化與情欲的沈湎、酣醉，這心靈活動的兩極，竟並存在作者的詩境中。

義山有些題材特殊的，例如描寫女道士生活的詩，則化人間的純情爲超世的幻覺，將此與官能活動交織於詩中，形成靈肉衝突却能作整體調和的奇妙詩境。如鏡檻一詩，「仙眉」、「佛髻」、五里霧，月中供藥等有關仙界清高絕俗的描寫，與「鋪芳縟」、「解醉羅」、攀桂、射莎等情欲活動的描寫合而爲一，寫出了既清越、又濃濁的誠如方瑜先生所謂：「官能與超世幻想共存，充滿了難以抗拒之魅力的世界」（註一一七）。

4.澈悟與執著：義山對愛情的執著，如春蠶吐絲，蠟炬垂淚，不到生命結束絕不終止。但他也澈悟了愛情的變幻無常，追求往往是落空的。正如理想與現實、春心與灰滅、純情與官能的兩極並存一樣，澈悟與執著也是並存的，義山不因執著的追求而忽略觀照或體悟，也不因透澈了世間的愛情而懈怠或放棄追求。澈悟的歸澈悟、執著的歸執著，似乎是並立而不相干，既有冷靜的眼、又有熱切的心，智慧與熱情交織成詭異、令人神往的世界。

以上所列舉的，是義山詩中往往含有相反的因素。這些因素，表面上相反，實際上相融，而且由於它們的對立性，而能互相輝映、互相補助，而使得詩境因之更形豐富，更顯現光彩。

我們所分析過的因素中，有些屬於義山的心境（如理想、春心、執著），有些則屬於周遭的環境（如現實、義山賴以澈悟的變幻無常）。而由事實上說，人世的愛情畢竟含有相當多的現實因素。從義山的感情生活而論，柳枝難以保住心中的純情；女道士身分的特殊，也難以有超越、恆久的愛情；王氏是義山的妻子，愛情最能貞定了，然而天不假年，還是不能長相廝守。至於宴上邂逅、逆旅相逢，乃至風月狎邪的艷情，則刹那即散，留下的只有依稀回憶罷了。在現實因素的影響下，義山的艷情，原於心靈的是美麗的情境，囿於環境的是淒涼憾恨的情境，二者溶合成既使人動心、又使人慨歎的，低徊不已的淒美世界。

第四節　義山艷情詩的寫作藝術

我們已論及義山的艷情世界是豐富淒美的，那麼，義山是如何來表現這個世界呢？我們發現義山善於運用語言，時而鮮明，時而隱晦；時而語勢熱切，時而語氣冰冷，選擇得宜，安置巧妙，發揮了語言的高度藝術。他又善於比興與象徵，巧於利用典故與神話。詩成之後，又往往帶有深刻的寄託。在這樣用心的經營之下，義山艷情詩顯得繁富而多彩，在詩壇中獨樹一幟。

以下分別加以論述：

一、以鮮明穠麗的語言，描寫對愛情的沈醉或嚮往

義山善於運用穠麗的詞語，鮮明的意象，以寫出戀愛熱鬧濃烈的氣氛。這種氣氛顯示出作者對愛情的激切嚮往。

義山用於描繪愛情的詞語，都經過刻意的經營，他習慣以場所、景物、佈置、衣飾等暗示氣氛，於是或者加以特別的修美，如「畫樓」、「桂堂」、「金燼」、「繡簾」、「翠釵」、「香羅」、「金翡翠」、「繡芙蓉」等，這些詞語有的寫其材質精美，如「桂堂」、「翠釵」；有的寫其裝飾華麗，如「畫樓」、「繡簾」、「繡芙蓉」；有的寫其顏色亮麗，如「金燼」、「金翡翠」；有的寫其氣味芬芳，如「香羅」，都經過作者特別的修美。有的詞語，作者更加上強烈的感覺，形成更濃烈的氣氛，如「春酒暖」、「蠟燈紅」、「石榴紅」等。春酒飲來自會有醺醺的暖意，但經作者將暖意拈出，感覺的氣氛就更重了；「蠟燈紅」、「石榴紅」是寫視覺，其方法和效果和「春酒暖」相同。

值得注意的，是義山經營這些詞語的目的，是透過場所、景物、佈置、衣飾等的綺麗美好，釀出熱烈或興奮的氣氛，以暗示作者對愛情的沈醉或嚮往。我們試想：在畫樓繡簾、燈紅酒暖之中，面對日夜思念的愛侶，義山心中該是如何激切、興奮！這種情景，不論是描寫實況或者想像，作者的心境都是同樣熱切的。爲了有更清晰的了解，我們以無題爲例加以探討：

昨夜星辰昨夜風，畫樓西畔桂堂東。身無綵鳳雙飛翼，心有靈犀一點通。隔座送鉤春酒暖，分

曹射覆蠟燈紅。嗟余聽鼓應官去，走馬蘭臺類轉蓬。

本詩第一聯寫景，與愛侶相聚的地點風物有清楚的交代，其中有「畫樓」、「桂堂」等修美的詞語，「星辰」與「風」則總合成優美的場景。第二聯寫情，抒寫了靈明相通的情思，「綵鳳」、「靈犀」的修美，遙接了第一聯的景物之美，作了情景相應的線索。第三聯情景交寫，在上述如此景物和心情之下，與愛侶歡暢遊戲，於是春酒更暖、蠟燈更紅，詩人的心情自然更熾熱了。第四聯雖薄有慨歎，作者眷戀昨夜的情懷却是很濃烈，且很完整的。從整首詩看，描寫美景的麗詞雋語，正是我們領略作者酣暢情懷的良媒。

二、以涼冷透明的語言，描寫愛情的空虛與無常

義山常以涼冷、具有透明感的語言，描寫愛情的空虛與無常感。由於空虛與無常是義山對愛情的整體感受，這種涼冷、具透明感的語詞在義山艷情詩中出現的頻率很高，因此，「冰涼清澈之感」成了義山艷情的「基層感覺」。（註一八）

義山艷情詩中，常使用具有涼冷感覺的景物、器物，如玉類的「玉笙」、「玉人」、「玉虎」、「玉鞭」、「玉露」、「玉山」、「玉水」……及自然界的雨（「春雨」、「細雨」）、海（「滄海」、「海上」）、霜（「霜裏」、「夜霜」）、雪（「殘雪」、「對雪」），又愛寫月（「月明」、「霜月」）、寫夜（「夜意 、「夜雨寄北」）。（註一九）也比較常用冷色，如「白衣」、「白門」、

「白石」、「白榆」、「翠梧」、「碧薛」、「碧海」、「青天」。這些景物或器物，有兩個特色：一是具有寒涼的顏色，二是大多具有透明的質感，顏色加上質感，遂使它們的涼冷感覺十分明顯。

義山運用具有涼冷感的詞語，目的不止於寫景物，而是以寫景喻示愛情的空虛和無常。因爲，義山這些詞語，都是在描寫失戀、別離、或者感情即將有變時運用的。而且，情景交融，寫出了愛情的悲劇性、淒涼感，如銀河吹笙云：

悵望銀河吹玉笙，樓寒院冷接平明。重衾幽夢他年斷，別樹羈雌昨夜驚。月榭故香因雨發，風簾殘燭隔霜清。不須浪作緱山意，湘瑟秦簫自有情。

此詩描寫女道士對於昔日愛情的懷念和悵惘。這裏運用了許多涼冷清澈的詞語，如銀河、玉笙、月榭、雨、風簾、殘燭、霜，以及寒、冷、驚、清等感覺語，配合幽夢已斷、羈雌孤棲、平明吹笙等意象，則這些景物語、感覺語，正是描寫女道士回憶舊情的悵惘淒涼的基礎材料。沒有它們，整首詩的氣氛是經營不成的。

義山習於運用涼冷的詞語以寫愛情的空虛無常，與運用穠麗的詞語以寫沈醉與嚮往，二者並存，且由於它們的對立性而使詩境顯得更繁富。但是，就義山的總體艷情詩境而言，二者最後還是統合在空虛無常的涼冷清澈之中。而且，義山每於愛情變幻之時，即體悟到昔日的沈湎也不過是短暫的光輝罷了。如無題云：

鳳尾香羅薄幾重，碧文圓頂夜深縫。扇裁月魄羞難掩，車走雷聲語未通。曾是寂寥金燼暗，斷無消息石榴紅。斑騅只繫垂楊岸，何處西南待好風。

此詩寫自己心愛的女子遠嫁後的追思。其中也有「鳳尾香羅」、金燼、石榴紅、好風等穠麗的詞語，象徵著昔日的美好情懷。但是，羅帳是女子爲遠嫁所縫，金燼已「暗」，石榴紅了却「斷無消息」，好風只能「待」，最後都變質了。再想到伊人掩面的羞慚，車走未語的無奈。全首詩的情緒是負面的，昔日的少許亮麗，早就被今日的陰沈所掩了。

三、以隱晦的語言造成詩境的朦朧含蓄

義山的詩有「隱僻」之稱，孫甄陶先生曾對此有頗詳細的研討，其中所舉的例子，如錦瑟、無題二首（昨夜星辰昨夜風，聞道閶門萼綠華）、碧城三首、聖女祠、重過聖女祠等，幾乎都涵蓋在義山的艷情範圍裏。（註二〇）義山的艷情詩，語言的隱晦是特色之一。

大略的說：義山常用間接、掩抑的筆法，並採暗語、微辭，以造成局部或全詩的隱晦難明。如曲池云：「日下繁香不自持，月中流艷與誰期？」故意將戀愛的對象隱去，不直接寫出來。又如寄永道士云：「共上雲山獨下遲，陽臺白道細如絲」，可能是義山與女道士之情，今爲永道士所獨享，陽臺爲仙典中的「仙之別天」（見馮注引眞誥），但在此是雙關巫山神女與楚襄相會之陽臺，義山特借仙典爲遮掩，以寫與女道士的浪漫交情。又如碧城三首之三云：「武皇內傳分明在，莫道人間總不知」，「武皇內傳」必有所指，但是義山不欲人知，因此採用暗語。又如天平公座中呈令狐令公云：「罷執

霓旌上醮壇，慢粧嬌樹水晶盤。更深欲訴蛾眉斂，衣薄臨醒玉艷寒」，由「霓旌」、「醮壇」看來，此詩描寫的是女道士們的浪漫生活，此爲女道士的身分不相合，義山於是利用「慢粧」、「蛾眉斂」、「玉艷寒」等微辭加以暗示。義山最有名的無題詩，大部分與艷情有關，就因廣泛的運用著隱晦的語言，而形成無題詩的一個基本特色。（註二一）

義山運用隱晦的語言，有其高度的藝術性，前面我們說過：義山所用的是間接、掩抑、暗語、微辭，這只是詩歌形式上的表達，在內容方面，他是充實飽滿的，內容與形式的巧妙結合，造成了朦朧含蓄的詩境。內涵的充實飽滿，經藝術的含斂，而發爲張力充足的含蓄；形式的表達，經藝術的改造錘鍊，表現爲曖昧多彩的朦朧。這是義山運用隱晦語言最成功的地方。茲舉碧城三首之二爲例：

> 對影聞聲已可憐，玉池荷葉正田田。不逢蕭史休回首，莫見洪崖又拍肩。紫鳳放嬌含楚珮，赤鱗狂舞撥湘絃。鄂君悵望舟中夜，繡被焚香獨自眠。

詩中引用道典，如「蕭史」、「洪崖」、再與第一、三首並看，極可能是描寫對女道士的情思。其中隱晦的詞語頗多，如寫對方只用「對影聞聲」而不明指，「玉池」一句依馮注是以樂府王金珠歡聞歌：「豔豔金樓女，心如玉池蓮」之典，以比喻對方的青春貌美。「不逢」一聯，蕭史、洪崖應是以神仙比喻女道士的交往對象吧？目的似乎在規勸對方不宜太浪漫。至於「紫鳳」一聯，前面已分析過是喻寫男女的性愛，然而，是喻寫誰呢？「鄂君」一聯可能是寫自己的寂寞。由於詞語的隱晦，使我們對此詩的了解並不通透，了解的過程中要加上許多假設——「可能」如何？

但是，此詩給我們的感覺却非常豐美。如第一聯，由影、聲及田田荷葉的比喻，詩中女子的美好已有生動的描寫。第二聯則以「回首」、「拍肩」描寫對方的浪漫，含蓄有味。第三聯是第二聯的「發展」，但是，義山以「紫鳳」、「赤鱗」的動作爲喻，較含蓄也較優雅。以上所寫的，是女道士放浪熱情的歡會，第四聯則以鄂君的寂寞作對比，使全詩的含蘊更豐富。豐美的情境，出之以隱晦的語言，造成了解的障隔、感覺的鮮明，逼迫讀者不得不超越了解而直探感覺的領域，由於心力更專注，感覺自然更爲鮮明。這應是義山高度的語言藝術造成的特殊效果。

四、以比興與象徵造成詩境的曲折靈妙

義山艷情詩善於運用比興和象徵，以造成詩境的曲折靈妙。

比興、象徵的筆法，爲詩人所習用。義山的艷情詩在這方面有其特色，一是用得普偏，二是用得精妙。

義山的艷情詩，在兩種情況下，特別喜愛以比興、象徵的筆法表達。一是描寫深刻細緻的愛情時，二是描寫較隱秘的狎邪或性愛時。描寫純情的，如柳枝五首，詩人幾乎全以比喻來寫自己與柳枝的感情，試以第一、二首爲例：

花房與蜜脾，蜂雄蛺蝶雌。同時不同類，那復更相思？

本是丁香樹，春條結始生。玉作彈碁局，中心亦不平。

第一首即以花房和蜜脾，雄蜂和雌蜨並列，寫出它們是不同類，比喻自己與柳枝沒有足以相愛的條件（柳枝已爲東諸侯娶去），雖然「同時」，但是不得相思。第二首以初生的丁香子比喻柳枝的年少，以玉碁局的中心不平，比喻彼此內心的不平。柳枝愛慕義山之情，出於愛才的至誠，義山體會到這點，因此，多以清純美好的形象（如丁香、玉局，以及第三首的嘉瓜、碧玉、鴛鴦）比喻對方，以描寫清純的感情。

描寫隱秘狎邪或性愛的，如擬意云：

眞防舞如意，佯蓋臥箜篌。濯錦桃花水，濺裙杜若洲。魚兒懸寶劍，燕子合金甌………

由這首詩的整體看來，是描寫男女歡會的詩（由詩前的「楚妃交薦枕」、「夫向羊車覓」、「男從鳳穴求」已可得其線索），則以上所列詩句，均爲性愛的象徵，如「眞防舞如意」，據馮注引拾遺記云：「孫和悅鄧夫人，嘗著膝上。和月下舞水精如意，誤傷夫人頰，血流汚袴」，以此典象徵男性的顚狂，實生動而不傷雅。馮注又引三才圖會云：「箜篌首尾翹上，虛其中，以兩架承之爲臥箜篌」，以臥箜篌象徵女性的姿態，亦傳神而不傷雅。「濯錦」以下，可以類推。

義山在象徵方面的使用，實爲一絕，他的象徵都採用極優美的意象，以傳達幽渺的情境，使讀者受其感染而不能自已，如贈歌妓云：「水精如意玉連環，下蔡城危莫破顏」，第一句表面上寫歌妓的裝飾，實際上是以水精與玉的潔瑩澄澈象徵歌妓的美，這還是較簡單的象徵。至於如一片云：「天泉水暖龍吟細，露畹春多鳳舞遲」，兩句象徵男女的歡會十分傳神，它描寫的地方好（天泉、露畹），景緻好（水暖、春多），情境又美（龍吟細、鳳舞遲），這則是複雜綺麗的象徵了。義山還能於比興之中建立象徵，如無題云：「春蠶到死絲方盡，蠟炬成灰淚始乾」，它本是以春蠶、蠟炬的無盡奉獻，比喻義山追求愛情的執著；但是，進一步，它也可以游離愛情之外而自成一境界，而象徵人世種種態度的執著。這種形態的象徵，兼具比喻的明確指向及象徵的玄妙幽遠，却避免了比喻的過分膠著和象徵的過分曖昧的缺點，故陳貽焮先生說：「李商隱成功的經驗就在于不純用象徵而于比興中寓象徵」。（註二二）

由於比喻「是一種『借彼喻此』的修辭法」（註二三），「象徵的表達方式必須是間接陳述而非直接指明」（註二四），都是透過旁出、間接的方式去寫作，因此，詩中意旨的展現，自然是曲折的，而不是逕直的。而且，旁出、間接的語言，不管是寫人或寫事，都不易板滯，而容易空靈玄妙，尤其象徵，是一種「離開其具體明確的性質，上昇爲意味地、氣氛地、情調地存在」（註二五），更具有靈妙的特質。茲以義山錦瑟爲例：

錦瑟無端五十絃，一絃一柱思華年。莊生曉夢迷蝴蝶，望帝春心托杜鵑。滄海月明珠有淚，藍田日暖玉生煙。此情可待成追憶，只是當時已惘然。

此詩是「一篇錦瑟解人難」，大致說來，古注疏家傾向於具體事件的求索（註二六），近代學者傾向於由義山的生命世界去疏釋。（註二七）由基本詩境看來，自然是後者的解釋較爲合理與圓潤，概括得較完整。此詩在回憶的流程中展開，把握住「情」的主旨下筆，描寫自己一生的感情世界，並抒發自己的感觸和認知。

此詩的寫作藝術很高，徐復觀先生已有論述。（註二八）在這裏，我們要強調的，是義山在其中運用了巧妙的比興、象徵，及其達到的效果。第三句用的是比喻，以莊子夢蝶的故事比喻自己一生的感情追求（如婚姻、戀愛、求仕之情等），最後都成夢幻。第四句則以望帝春心的永不止息，比喻自己雖然一生坎坷，對感情的追求却永不止息。此二句，義山運用遠奧的典故（莊子夢蝶）和淒美的故事（望帝春心的執著）以作比喻，比起直陳其事，要較有概括性、較不唐突、較有意味多了。第五、六句，用的是象徵，第五句以滄海、月明、珠、淚等涼冷透明感的語言組合成「冷」的象徵，寫的是感情的失意，如夫人早逝、仕宦坎坷、愛情的空虛與無常………。第六句以日暖、玉生煙等穠麗的語言組合成「暖」的象徵，寫的是感情的如意，如與王氏夫人成婚、經歷多種形式的愛情，得到令狐楚、崔戎的知遇等。這種象徵具有精簡、富於氣氛情調的作用。將義山此詩的三、四、五、六句綜合看來，其所用的比興、象徵，往往具備一個「面」（而非「點」）的作用。它避開了板滯瑣屑的描寫具體事件的筆法，豐富的含蘊，讀者在其中可以曲折迴環的「行進」，使詩境愈拓愈大，却不拘牽掛礙，心情空靈優美，而所得良多，此皆由於比興、象徵之賜。

五、以典故與神話造成詩境的豐富多彩

義山的艷情詩，喜愛引用典故及以神話故事舖寫主題，而使詩境更爲豐富，且顯得光彩閃耀。

使用典故，是我國文人習用的修辭法。義山在這方面的特色，一是用得多，而且大部分用得精妙，二是在艷情詩中好用仙典。

關於義山的用典，徐復觀先生有精闢的解說。他認爲用典的作用有四：一是爲了選詞，二是爲了搪塞，三是爲了比喻，四是爲了象徵。其中，三、四兩項是用典的高格，因爲用典能夠「以比喻達到精約、婉曲、暗示、含蓄、雅麗的目的」，象徵則可使「某一事物、情景……上昇爲意味地、氣氛地、情調地存在，以與詩人所要表達的感情，於微茫蕩漾中，成爲主客一體。」用典要達到這兩種作用，必須作者有濃厚的感情，且能將此感情移入典故之中，藉典故來表達，於是達到了抒情詩所要求的深婉之目的。而義山的用典，也大多能達到比喻和象徵的作用，具有用典的高度藝術。（註二九）

根據徐先生的說法，在艷情詩中，我們能找出相當多的例證，限於篇幅，我們只能以少數的例子來闡述：如無題的「賈氏窺簾韓掾少，宓妃留枕魏王才」，這兩句是以世說中賈充女私悅韓壽「美姿容」的典故，比喻自己年輕俊美；又以文選注中甄后欣賞曹植之才，臨死留枕給曹植的典故，比喻自己的才華橫溢。這兩句，如果直接寫自己的年少、多才，便顯得單薄。利用這兩個典故之後，賈充女悅壽、將外國異香送他，韓壽踰牆與女歡會等熱烈激切的情愛，都已包涵在其中。而宓妃與曹植之間，才貌相悅，但阻於形勢，只能留枕作隱微表達，這種鬱抑、淒美的情愛，加上曹植又是「才高八斗」的文人，這些都包涵在典故之中。由於這兩個典故的概括深廣、取材深切，對於詩境的擴展和修美，很有作用。

又如前述錦瑟詩的「莊生曉夢迷蝴蝶，望帝春心托杜鵑」，比喻一生的感情如同夢幻，但是春心永不止息。夢幻和執著，都是抽象的，作者用了莊子與望帝的故事，使得它們形象化，而且生動活潑。莊子的夢具有哲人的曠達，望帝的春心則有詩人的執著，一超越、一沉淪，對比之下，寫出了詩人複雜錯綜的感情世界。如果沒有典故的豐富的賦含，是不容易達到這效果的。進一步說，莊生夢蝶足以成爲浮生如夢的象徵，在人生的夢幻裏，眞會有究竟「是莊周還是蝴蝶」的迷惑呀！望帝以杜鵑寄託春心的故事也足以象徵世間普偏化的執著精神，眞正的執著之人不計生死之限，不論形態（望帝或杜鵑）之隔，而永遠像隻啼血的杜鵑，在此典故裏，杜鵑正是勇者的畫像。錦瑟詩的這兩個典故，正合於前述陳貽焮先生所謂的「于比興中寓象徵」的筆法，不但使詩境豐富，更使詩境靈妙。

義山在艷情詩裏，尤其嗜用仙典，且用得非常普偏。在無題詩中曾使用，如「相見時難別亦難」中的「蓬山」、「青鳥」，「來是空言去絕蹤」中的「劉郎」；贈朋友的詩中曾使用，如韓同年新居餞韓西迎家室戲贈中的「天河」、「牽牛」；描寫女道士的詩中曾使用，如鏡檻中的「五里」霧、「月中供藥剩」；描寫妓女的詩中曾使用，如題二首後重有戲贈任秀才中的巫山神女和月裏嫦娥；至於描寫神仙世界的詩，則每一首都是以仙典作基礎而寫作的。仙典除了一般典故的作用之外，它擴大了想像的空間，由人世擴大到仙界，而且將仙界的特質沃灌了人世，同時也受到人世的回饋。於是，人世具有仙界的靈動、飄逸，仙界具有人世的浪漫風情，將二者置入詩中，更產生了互相激蕩和錯綜的作用，使得詩境顯得玄妙綺麗，是純粹描寫人世的作品所難以比擬的，義山這方面用典的取材，頗爲成功的締造了自己的藝術特色。

六、以深微的寄託造成詩篇的多義性

本文寫作的基本態度，是不輕言寄託，以免陷入追求寫作動機或本事的泥淖之中。但是，義山詩有部分是寓有寄託的，我們不能因自己的基本態度而略去寄託存在的事實。於是處理本條目時，我們注意到「線索」的問題，一定要有線索，才去追尋「可能」存在的寄託。

如一片云：

一片非煙隔九枝，蓬巒仙仗儼雲旗。天泉水暖龍吟細，露畹春多鳳舞遲。榆莢散來星斗轉，桂花尋去月輪移。人間桑海朝朝變，莫遣佳期更後期。

此詩主旨在描寫仙界的愛情，作者感於時光易逝、情愛無常，勸享有愛情的神仙要及時把握。純粹當一首情詩來看，已是好詩。但是，却有些線索使我們猜測義山是不是另有寄託？一是此詩寫的都是仙界之事，文字中間却插入「人間」一詞？作者爲什麼拿人間變幻頻繁的憂患，去衡量長生恆定的仙界？其次，是義山寫仙界愛情，大多由分離的寂寞下筆，很少寫神仙當下的戀愛生活，以與仙界清靈的特質相應，此詩寫「蓬巒」的愛情，在義山詩中罕見。合理的推測，有二種情況：一是喻寫女道士的愛情生活，義山寫她們時，常喜歡把她們比作神仙，如碧城三首、鏡檻之例。二是寄託自己的心意，馮注引戊籤以爲是「似爲津要之力能薦士者詠，非情詞也」；馮浩則以爲是義山「總望令狐身居內職，日侍龍光，而肯重念故知，急爲援手，皆在屢啓陳情之時」，都是根據這個寄託說的。

又如青陵臺云：

青陵臺畔日光斜，萬古貞魂倚暮霞。莫訝韓憑爲蛺蝶，等閑飛上別枝花。

本詩是根據搜神記中韓憑夫婦爲宋康王所逼，雙雙先後殉情的故事所寫成。但是蛺蝶飛上別枝花則出於義山自己的創造，與「莫訝」的語氣，「貞魂」的強調合而觀之，義山藉此詩以自寫去就的寄託頗爲明顯，馮浩云：「此詩之眼全在『莫訝』二字，言雖暫上別枝，而貞魂終古不變。蓋自訴將傍他家門戶，而終懷舊恩也」，這種說法和義山的身世相符，可能性就相當高了。

又如海上云：

石橋東望海連天，徐福空來不得仙。直遣麻姑與搔背，可能留命待桑田。

此詩作者經過刻意的經營，將史記中徐福求仙、麻姑山仙壇記中蔡經思以麻姑爪杷背及麻姑自言東海三爲桑田等事，以自己的想像加以組合而成。由此用意之中，作者寄託的痕跡已顯。至於寄託了什麼？可能如馮浩所云，悼痛崔戎的去世，也可能寄託自己年華逐漸老大，而謀事無成的焦慮。

義山在詩中的寄託，往往用意深微，語言隱晦，除了意味豐盈、神韻搖曳之外，最大的作用是造成詩篇的多義性。以上述例子來說，它們除了基本的詩境之外，又包含了寄託的詩境；如一片這首詩裏，除了仙界的愛情之外，又寓含了義山對津要者渴望援引的心意。於是，一首詩的意旨，就因此更爲豐富，作者可探討的境界因此增加，感知作用也相形增強。

七、小結——以感性、間接的文筆，切斷知解之路，表達繁複的艷情世界

義山的艷情詩，統合觀之，是使用感性、間接的文筆，透過感覺性的渲染，營造氣氛、意味、情調，以表達義山「理想與現實、春心與灰滅、純情與官能、澈悟與執著」的境界（見本文前述「義山的艷情世界」小結）。

不管是鮮明穠麗或者涼冷透明感的語言，義山都運用美麗的意象，鮮明的感覺，使讀者浸沃在淒美的詩境中，而與作者的情境直接感通。

從語言的運用來說，隱晦性、比興、象徵、典故、神話共同的特色，是間接式的描寫，作者的用意是避開具體事件，而描寫普偏的世界。營造的是艷情的某種境界，而不是敍述某個經驗事實，所以，詩中表達的都是精神特質，是義山艷情世界中如愛情的完美、空虛、無常、生死執著等精神特質。

義山這種帶著感性、間接的文筆，發生了一個特殊的效果：它切斷了我們知解的路線，使我們必須運用感覺，營造境界，而與義山的情境直接感通。在義山的艷情詩中，我們很難以知性的態度，去知解義山詩的具體內容，絕大多數的詩，本事都難以考查，寄託也不易確定。倒是義山詩給我們的感覺，如愛情的激切、空虛、無常……却非常鮮明，甚至義山對愛情的一些內省式的智慧，也是以濃厚的感性語言呈現。於是，我們只好放下知解，運用感覺來讀他的詩，由於美感經驗的獨立專注，義山詩的精神特質特別鮮明，達到了表現繁複的艷情世界的要求，更具有他人所未曾有的「絕麗」。（

註三〇）

第五節　結論

探討過義山的艷情世界與其寫作藝術之後，其內容的豐富、形式的瓌麗，令人禁不住要心嚮往之。即以艷情詩而言，義山已足不朽！由內容與形式總合而觀，義山艷情詩具有三個大成就：

一、義山的艷情具有普徧意義

義山的艷情詩已超出個人的抒情，進而具有普徧意義，由個人的「殊相」中展現了世間的「共相」。由於義山的艷情詩，表達的不是個人的經驗事實，而是超越它，進一步探索它的精神特質，然後營造出一個境界。既然是境界，即與世間的艷情相通。於是義山等於爲世間的艷情描摩情狀、建立典型。

義山追求完美崇高的愛情，這理想却在現實中受挫，此種衝突的悲劇，正是世間的一個感情世界。在這境界裏包含了千千萬萬的例證。

義山所感知的愛情的變幻無常，和因之而來的憾恨涼冷，在世間許多失戀的人來說，那一個不是如同身受？

義山對愛情的生死執著，更寫出世間動人的追求心態，在這心態中，愛情才顯出嚴肅與高貴。甚至在義山的艷體詩中，浮蕩的心態、感官性、及對風月狎邪的覺悟，都能把握到社會的共相。

總而言之，義山是以一人之情繫天下之情，他建立的艷情世間具有典型性。

二、義山由艷情中展現人生境界

義山艷情詩還進一步的展現了人生境界。義山以艷情去訴說人生、詮釋人生，建立人生的價值，猶如人們以道德、事業、學問展現人生的價值。義山在艷情詩中，展現了他的人生觀，這種內含，更增加了詩篇的豐富性。

義山是抱著認眞的、沈潛的態度寫其艷情詩，因此在其詩篇中，不但可以看到人生的情狀，更可以看到人生的理想。

義山艷情世界中，愛情在現實的限制或壓力之下，是頗多挫折的，因此，在他的詩中，充滿對愛情的無常感和憾恨感，誠如無題所云：「相見時難別亦難」，一片所云：「人間桑海朝朝變」。但是，義山對愛情懷持的理想，及對此理想的執著追求却始終沒有動搖。這種精神，即是世間勇者不屈不撓的奮鬥精神。義山爲愛情生死以之的奮鬥態度，也是世間勇者的象徵。

尤其值得注意的，是屢屢的挫折中，義山所呈現的心靈反應，都是細密深刻的。對方已是「重幃深下」，他還「風波不信菱枝弱」；對方已「斷無消息」，他還是「何處西南待好風」。這種體人如己、包蘊密緻的襟抱，根源即是人們心中包容、體諒、沒有條件的愛。義山由男女之愛中，體現了人們這種高貴的愛。因此，方瑜先生說：「李商隱將自身男性的悲痛體驗深化，藉以把捉超越男女之別的普遍愛」。（註三一）

義山艷體詩的浮蕩、粗略與感官性，以及經過內省，通透了風月狎邪的無根性後，所得的警惕諷諭之心，也展現了人生境界。它代表了人生沈淪於現實的膚淺性、無根性，以至於膚淺無根之中警醒的智慧。

在世俗的生活裏，常有庸庸碌碌的時候，做許多事時，常常缺乏理想、深刻的用心、清高的志節。於是，容易沈淪在無思考的反應、和感官的放佚中而不自覺，見利忘義、苟且因循。但是，人們具有自省的能力，只要肯「反身」，總會警醒的，遷善改過、去腐生新的許多事蹟，提供了人性能自覺向上的例證。

義山愛情詩呈現的境界，是人生的理想，隨時可能受到現實的挫折，但是，人要執著奮鬥，人生的價值就建立在這裏。其艷體詩則呈現世間的現實現象，但是提示了人生向上的自覺。綜合而觀，艷情詩展現了勇毅向上的人性光輝。

三、義山由艷情詩建立自我詩藝的特色

由寫作藝術看來，義山在艷情詩中已建立了自我的詩藝。

在前面我們說到，義山在艷情詩中的寫作藝術，包含意象美麗、富感覺性、語言精細而時帶隱晦性、善用比興與象徵、好用典故與神話、寄託深微等特點，這已包含義山大部分的詩藝特色，我們擬在本書總結論中詳述，在此擬先擱下，而願以「他山之石」爲例證。

楊柳先生認爲義山詩的藝術特徵有五，一是縝密的構思，二是凝鍊的語言，三是嚴密的律法，四是比興和象徵的表現手法，五是無題詩的創寫。縝密的構思方面，舉無題、聖女祠、嫦娥、日射、爲有、海客等艷情詩爲例。凝煉的語言，則舉錦瑟、西亭、無題、昨夜、水天閑話舊事、銀河吹笙、春雨、曲江等爲例。嚴密的律法，舉暮秋獨遊曲江、辛未七夕、宮辭、月夜重寄宋華陽姊妹、聖女祠、正月崇讓宅等爲例。比興和象徵的表現手法，舉楚宮、深宮、月夕、擬意、夜思、鏡檻、燕臺四首等爲例。至於無題詩則大部分可列入艷情詩中。（註三二）

由楊柳先生的論述之中，義山詩藝的五個特色，沒有一樣不包含艷情詩在內。其中還可強調的只是有些詩藝用在艷情詩是特別適合或巧妙的，譬如比興、象徵之法，在先天上它們就適合於抒情，以高妙之筆寫幽渺之情，可塑造更深微的境界。因此，比興、象徵在艷情詩中運用得格外適切，也特別精彩。隱晦的語言，在政治詩中使本事隱去，失掉了討論或批評的客觀基礎，我們只能依稀感覺作者的用心而已，要見其深刻的智慧則有了障隔。然而，隱晦用在抒情詩中，塑造了朦朧含蓄的詩境，讀者可以運用想像，於彷彿依稀中感知之，反而增大了詩境的張力，有助於抒情的效果，義山無題詩的魅力，部分原因，應是語言隱晦所產生的效果。至於無題詩，誠如楊柳先生所云：「李商隱的無題詩決不僅是個詩體問題，也是他詩作的思想藝術特徵高度成就的綜合表現，最能充分體現他的藝術風格。」。（註三三）我們說義山以艷情詩體現了自己的藝術特色，義山在文學史上所佔的地位，艷情詩藝應爲重要的因素，說他因艷情詩即足以不朽，諒可爲識者所首肯。

【附註】

註一　黃永武，中國情詩論，古典文學第七集（學生書局，民國七十四年八月初版），下册，頁六四七～六五〇。

註二　吳調公，李商隱研究，（民國七十一年二月第一版），頁一〇〇～一〇七。

註三　同註二，頁一〇五。

註四　同註二，頁一一〇。

註五　如義山嫦娥詩：「雲母屏風燭影深，長河漸落曉星沈。嫦娥應悔偷靈藥，碧海青天夜夜心。」又如月夕：「草下陰蟲葉上霜，朱欄迢遞壓湖光。兔寒蟾冷桂花白，此夜姮娥應斷腸。」義山寫嫦娥大多由失去愛情，雖成仙家，也將寂寞難耐下筆。

註六　用方瑜說，見氏著李商隱七律艷體的結構與感覺性，中晚唐三家詩析論，（牧童出版社，民國六十四年一月二十日初版），頁六九。

註七　陳祖文，試闡李商隱的四首絕句——人仙之間一段情，中外文學六卷十二期，（民國六十七年五月）頁二六～三五。

註　八　程夢星，李義山詩集箋注，（廣文書局，民國七十年八月再版），頁四〇〇。

註　九　同註二，頁一一六。

註　十　葉嘉瑩，略談李義山的詩，幼獅文藝卅一卷六期（民國五十八年十二月），頁七八。

註一一　李少白，錦瑟詩與茵夢湖的心境和詩情，幼獅月刊四一卷六期，頁六三。

註一二　參閱本文義山詠史詩部分。

註一三　用方瑜說，同註六，頁七〇。

註一四　呂興昌，試論義山詩，現代文學四三期，（民國六十五年五月），頁二二二。

註一五　楊柳，李商隱評傳，（木鐸出版社，民國七十四年七月初版），頁三七四。

註一六　李商隱詩選，（仁愛書局編輯部選注，民國七十三年三月版），頁六一。

註一七　同註六，頁九二。

註一八　同註六，頁六六。按：方瑜認爲義山艷體充滿「清冷明澈之琉璃感」，見此文頁九三，全文對此說法舉例繁多、闡述詳明。筆者此段文字乃受到方氏之啓示。

註一九　陳祖文即說：「義山自己是屬於月夜（而非白晝）心態的詩人」，同註七，頁三〇。

註二〇　孫甄陶，李商隱詩探微，新亞學報四卷二期（民國四十八年出版）。

註二一　參本書附錄：李義山無題詩研究。

註二二　陳貽焮，談李商隱的詠史詩和詠物詩，唐詩論叢，頁二七七。

註二三　黃慶萱，修辭學，（三民書局，民國七十四年九月出版），頁二二七（譬喻）。

註二四　同註二三，頁三三八（象徵）。

註二五　徐復觀，環繞李義山（商隱）錦瑟詩的諸問題，中國文學論集，（學生書局，民國六十九年十月四版）頁一九一。

註二六　如朱鶴齡以爲是悼亡，見李義山詩集，（學生書局，民國五十六年五月初版），頁一〇六。
程夢星說同朱鶴齡，見李義山詩集箋注，（廣文書局，民國七十年八月再版），頁二一〇。
馮浩說亦同，見馮注。
張爾田說亦同，見李義山詩辨正，附玉谿生年譜會箋之後，（中華書局，民國六十八年五月臺二版），頁二六五。

註二七　如勞幹說錦瑟「詩的根據是一種強烈的感情，但却用一種含蓄的方式表現出來」，見氏著李商隱詩之淵源及其發展，幼獅學報一卷二期，頁五。
呂興昌以爲「義山詩的整個面貌和實質，很顯然地都在表現一種人類無可如何的悲劇，且勇敢地面對此一悲劇，承擔此一悲劇。『錦瑟』詩，無疑是義山詩中，對此一悲劇總的回顧和咀嚼」，見式著試論義山詩，現代文學四三期（民國六十年五月），頁二二二。
劉若愚以爲錦瑟詩包含物質層面、想像層面、情緒層面、知性層面，「具現了人存在覺醒的一種方式，見氏著，方瑜譯：李商隱詩的境界，幼獅月刊三七卷一期，頁六〇～六一。
柯慶明以爲錦瑟是「一次人生意義的思索，一個完整的悲劇經驗」，見氏著李義山「錦瑟」試剖，李商隱詩研究論文集（國立中山大學中文學會主編，天工書局民國七十三年九月初版），頁八〇〇～八

○九。

註二八　同註二五，頁二五○～二五四。

註二九　同註二五，頁一八八～一九二。

註三○　朱光潛以為「審美的目的不像實用人，不去盤問效用，所以心中沒有意志和慾望；也不像科學家，不去尋求事物的關係條理，所以心中沒有概念和思考，他祇是在觀察事物的形相」又說：「美感經驗是一種極端的聚精會神的心理狀態」，見文藝心理學，（臺灣開明書店），頁一○。義山在艷情詩中，不寫具體事件，更將若干事物的關係切斷或模糊化，因此呈現的意象非常獨立，更能使人聚精會神的欣賞詩中境界的美。

註三一　同註六，頁五九。

註三二　同註一五，頁三九七～四六五。

註三三　同註一五，頁四五四。

第四章　李義山的詠物詩

第一節　前言

詠物之詩，表面上是對物象的描繪，但是其高層次的要求，是要在物象之中透顯人情。因此，它要表達出有形（物象）、無形（人情）的精妙，其寫作藝術值得我們去用心探索。又因爲詠物中寓有人情，尤其寓有作者自我的情懷，如上有物的迂迴與遮護，作者往往更有勇氣將自己寫進去，因此，詠物詩又是了解作者心靈世界的絕妙資料。

研究義山詩者，較注意他的豔情詩、政治詩，較少注意他的詠物詩。這由有關義山詩的論文分類數量上，已可見其一斑。但是，義山詩的寫作藝術，詠物詩和其他類詩，如豔情、詠史一般，有自己的特色，值得探究；否則，對義山詩的寫作藝術就不能有全盤的了解。

更值得注意的，如前所言，詠物詩中可以看出作者的心靈世界。大宗都感覺義山的詩「特殊」，譬如說殘缺感和自我色彩特別重，爲什麼會有這些「特殊」？其根源自然是他的心靈世界，要了解其心靈，就不能略過其詠物詩。

研究義山詠物時，找出他有特別於他類詩的藝術，這是解析的工夫，是在同中求異；而透過詠物詩，探索其心靈世界，爲不同類的詩追尋根本，這是統合的工夫，是在異中求同。這兩種工夫，兩個方向，都能使我們對義山的詩篇，作較爲完整及有深度的了解，其基礎即在詠物詩，因此，乃有本章的撰述。

第二節　取材

詩人寫作詠物詩時，純粹描寫其物象的不多。好的詠物詩都會由物的物質層次，提升到人的精神層次，從物象中透顯出人情。

詠物詩由物象透顯人情的方式，是文學創作藝術中「比」的運用，作者心中有某種情志，即取外界類似之物以比喻之，作品完成之後，此物的精神面貌，實等於作者的情志——至少寓含著作者相當成分的情志。李正治先生對於此種創作方法有簡要的描述：

詠物的詩，多屬比興的比。採用擬人格的手法，以物自況，攝取某種物象，作爲自我性情的寫照。（註一）

作者既有意「以物自況」，使得「物象和自身性格及自身遭遇構成隱喻關係」（註二），基於這種關係，我們可以進一步說：作者所詠之物，實即作者心靈的象徵。透過物象，我們可以觀察到作者的思想、感情、感遇、乃至審美觀。

其次，物象出現在作品中時，會具有本身的藝術風格。朱光潛先生即說：「事物的形態不同，它們所引起的美感的反應也往往不一致。」（註三）朱先生並用具體鮮明的比喻來解說此理：「鷹和松同具一種美的共相，鶯和柳又同具另一種美的共相。它們所象徵的性格不同，所引起的情調也不同。」（註四）鷹和松因爲它的猛與壯，具有陽剛之美；鶯與柳，因爲它的秀與柔，具有陰柔之美，人們在接觸物色時，自然會興起這種美感。也就是說：物象本身即具有或剛、或柔、或剛柔調合的美。而作者面對物象時，即是透過其審美觀，擇取與本身美感相應者加以運用。因此，作品中物象的藝術風格，也就是作者的藝術風格。

朱光潛先生的話，正說明了作者所選取的物象，是作者心靈世界（性格）和藝術風格（引起的情調）的象徵。所以，作者詠物詩取材的趨向是值得重視的。

義山的詠物詩，主觀的色彩既重，是屬於「將自身頓放在裏面」(李重華語，見貞一齋詩說）的詠物法，有濃厚的「移情作用」。根據以上的推論，由取材中去探尋義山心靈世界的消息，及認識其藝術風格的梗概，應是正確的方法，也是研討義山詠物詩的入門途徑。

一、取材趨向

義山詠物詩取材的趨向，約可析爲數端：

1. 小與柔

義山所詠之物，以體型小、賦性柔的居多。

天文類如微雨、月；動物類如雞、燕、鴛鴦、鶯、蟬、蝶、魚；植物類如杏花、李花、紫薇、菊花、荷花、槿花、牡丹、柳、石榴、蘆葦；靜物類如鏡、燈、瑟、屏風；還有屬於人體的淚、腸。以上所列之物，在義山的詩中，都曾作爲題材。

我們稍一注意，便會發現：義山所詠之物，在同類中都是體型較小、賦性較柔的。如天文類中，不詠陽剛的日而詠陰柔的月；人體之中，不詠筋骨而詠柔腸。而且，越是小越是柔的，在義山詩中所見的次數越多。如詠雨三題中，二題是微雨、細雨，一題雖名爲雨（摵摵度瓜園），寫的實是微細的秋雨。動物類中，以詠蝶的次數最多；植物類中，詠柳最多。透過這些資料，可以明顯的看出義山取材的趨向。

義山所詠之物，也有體型較大，或者賦性較剛的，如鵝、猿、松、桐、風、雪等。但是，這些物，有些是牽涉到義山取材的另一趨向，如松、桐之取其高；有些經過義山在作品中的處理之後，已失其大或剛的特色，如「失猿」、「殘雪」。這些我們將置於後面的文字中陳述。而另一值得強調的，是以數量而言，這類詩比起前述小而柔者，要少很多。

2. 高

義山詠物取材的趨向中，除了小與柔之特色外，又好取物的高。或者取身長之物，如高松、高花、梧桐；或者取居高之物，如蟬（其蟬曰：本以高難飽）、鶯（其天涯曰：鶯啼如有淚，爲濕最高花）；或取其身分之高貴，如鳳、孔雀。

以高物爲題材的詩篇，雖然不多，但是，義山在寫這些詩時，都特別用心，反覆強調此物高的特性，如蜀桐曰：

玉壘高桐拂玉繩，上含非霧下含冰。
枉教紫鳳無棲處，斲作秋琴彈壞陵。

義山此詩，前兩句寫桐體的高，上拂星辰，含雲含冰；後兩句寫梧桐精神上的高，它是希望留待鳳棲的。這種詩已超越模形繪狀，而含有作者濃厚的心靈寄託了。

3. 殘缺與流離

義山詠物，又慣取殘缺與流離者。

義山好用「殘」字，如無題之「東風無力百花殘」、題鵝之「曲岸殘陽極浦雲」、淚之「兵殘楚帳夜聞歌」等皆是。其詠物詩也常取殘缺的題材，如殘花、殘雪、落花、破鏡、缺月、及爲鶯銜殘的櫻桃、爲風雨所敗的牡丹。

義山寫植物，靜物常取殘缺，寫人體與動物則常用流離的題材，如寫送別的淚、思遠的腸，雄雌別棲的孔翠與鴛鴦、失群的猿、流鶯。

靜的殘缺，動的流離，是義山所常描寫的物態。這種傾向，自然有其內在的原因。

二、由取材中透出的消息

了解義山取材偏於小與柔、高、殘缺與流離等三個方向之後，我們可以發現義山詠物詩中透出了一些消息，一是有關作品藝術風格方面，二是有關作者心境方面。以下分別加以敍述：

1.有關作品藝術風格方面

從義山取材的方向看來，其作品的藝術風格是淒美中寓有雄奇，整個氣氛是婉約綿密的。如果將藝術美，簡化爲剛性美與柔性美，從義山的取材上看，他愛用小與柔的物來寫詩，譬如蝶的輕巧、柳的柔細，從這些物種類之多、及大量的運用下，他所締造的是柔性的、優美的境界。正是朱光潛先生所言的「鶯與柳」的柔美境界。（註五）

義山取材，又好用殘缺及流離之物，這是更值得注意的。這是選擇物象的特別一面，加以描寫，因爲經過第二重的選材，使材料中原本賦有的柔美，加上了殘缺流離的淒涼感，結合成淒美，如義山詩中常用的缺月、殘花，即是很好的例子。由於義山在選材上的細膩深刻，作品於是表現了義山特有的淒美風格。

義山的淒美風格，是柔而有骨的。如他寫高松、梧桐、武侯廟古柏，這些物象，不但本身具有清高耿介的特色，義山在描寫它們時，還特別強調了這種特色，如前述的蜀桐，它嚮往鳳棲、不甘斲作秋琴的精神；又如武侯廟古柏的「陰成外江畔、老向惠陵東」，一寫諸葛亮的惠政，一寫其忠心，古柏象徵了諸葛亮的有爲有守。這些物象「可景仰、可敬佩」、我們會「審視它、接受它、吸收它、模仿它、於是猛然間自已也振作、奮發起來。」（註六）是屬於剛性的、有骨的、能挺立的，義山詩中這方面的取材與描寫，呈現了淒美的另一面——雄奇。

淒美與雄奇，並存於義山的詠物詩中，但是就其分量上說，是偏重淒美的。就以蜀桐一詩而言，雖然桐樹高入雲霄，結果還是斲作秋琴。武侯廟古柏象徵了諸葛亮的耿介風骨，但是，「玉壘經綸遠，金刀歷數終」，義山是以諸葛亮的功敗垂成爲基調的。因此，我們可以說：義山雄奇風格是寓於淒美之中，是在淒美中透露的。義山詠物詩，於柔中寓剛，整體的藝術氣氛，是婉約綿密的。

2.有關作者的心境方面

由義山的取材看來，他的心境傾向纖細深刻，而努力追求崇高的理想。

作者詠物詩，其選擇的對象，雖然不一定象徵其心境；但是，如果作者對某一類，或某一特色的物象有所偏取，作品中又反覆致意、暗示時，說它象徵作者的心境，應是合理的推測。

義山愛寫柔細之物，而且寫得深刻，如柳：

曾逐東風拂舞筵，樂遊春苑斷腸天。
如何肯到清秋日，已帶斜陽又帶蟬。

此詩寫柳歷經春日的熱鬧及秋日的淒清，二種情境的對比，更顯得不堪回首。寫柳如寫人，將人的精神面貌用到柳上去，賦予了物象的精神。義山詠物詩中的佳作，大多採用這種寫法。

義山詠物詩，又表現了追求崇高理想的精神。前述蜀桐的待鳳棲息、武侯廟古柏的龍蛇雄姿象徵諸葛亮復興漢室的理想，都是顯例。而義山即是描寫柔細之物時，也用心用力的寫出它們追求崇高理想的精神，如北禽：

爲戀巴江暖，無辭瘴霧蒸。縱能朝杜宇，可得值蒼鷹。石小虛塡海，蘆銛未破矰。知來有乾鵲，何不向雕陵？

一隻小小的禽鳥，爲了它的理想（巴江暖），不畏蒼鷹、弓矢的危害，竟然慷慨以赴。追求的精神令人佩服。如果作者心中沒有這種追求崇高理想的精神，如何能對一隻小禽有此感發？

凡是義山詠物詩中，描寫物象之「高」，不論此物是雄奇的或柔細的，都寓有這種努力向上的精神。這正是義山一生，堅韌的生命力的投射。不只呈現在詠物詩中，也呈現在其他類詩裏。

3. 此種風格與心境的整體性

我們由義山詠物詩的取材中，看出義山具有淒美中寓雄奇的藝術風格，又具有纖細深刻而追求崇高理想的心境。這種風格與心境，不是片面的、零碎的，而是整體的，以義山的詩語說，是「通體」（其柳曰：傾國宜通體）的。在其他類的詩中，也是這種風格和心境。義山有「鳳尾香羅薄幾重」、「來是空言去絕蹤」等淒美的無題詩；也有像「我願爲此事，君前剖心肝。叩額出鮮血，滂沱汚紫宸」的行次西郊作一百韻，充滿雄奇之風的政治詩。而義山情詩所展現的心境，如「相見時難別亦難」（

無題）透過殘花、春蠶、蠟淚、變白的雲鬢、寒冷的月光等纖細殘缺的意象，締造了婉約細緻的情境，詩的終結用「蓬山此去無多路，青鳥殷勤爲探看」二語，表達永不止息的相思。所展現的正是細緻的、深刻的、永遠在追求的心境。

第三節　寫作藝術

一、詠物詩的三個藝術層次

詠物的詩篇，必須在物象中透顯出人情，才會有深度，這是評論詠物詩的共同看法。因此，對詠物詩的藝術要求，一是描寫物象的工巧，二是透顯人情的眞切，自來討論詠物詩的作法，都環繞著這兩個要求去思考。「詠物要寫得像，物的情況才能明晰；但是又不能太貼近物象，過於膠著，則只有面貌，缺乏精神，人情無從寄寓，便不是好詩，因此，要寫得「不即不離，工細中須具縹緲之致。」」（註七）以工細寫物貌，以縹緲寓人情。

然而，「寫物貌、寓人情」的詠物標準，只是概略的說法。仔細探究，人情還可分爲普徧的人情及作者的性情二種，因作法的不同，詠物詩包含的人情即有寬窄的不同，李重華曰：「詠物詩有兩法，一是將自身放頓在裏面，一是將自身站立在旁邊。」（註六）第一種是主觀的詠物詩，詩中有個我在，自然會寓含作者的性情；又因爲每個人都有群性，其思想與感情必與群體有關，因此，詩中又寓含著普徧的人情。第二種是客觀的詠物詩，作者置身物外，則詩中所寓含的只有普徧的人情而已。

前已言及：人有群性，都有普徧的人情。那麼，所謂「作者的性情」，自然是指作者超越普徧的人情，具有自己的想法與感發，不同於凡近的襟抱。由此而言，主觀的詠物詩，因爲含攝的人情比較寬廣，於藝術的層次較高。以此，詠物詩的藝術可以列出三個層次：

上	中	下
寓含作者的性情	寓含普徧的人情	描寫物象

（寓情深切）離↑　　↓即（寫物工巧）

在此三層次裏，越是往下，越接近物的自然質性，是「即」的過程，必須有上一層的人文意提升它，才能「不即」。相反的，越是往上，越接近物中寄寓的人文意義，是「離」的過程，必須有最下一層的自然質性，將其執持、規範，才能「不離」。因此，三個層次之間，關係密切，下層是上層的基礎，上層是下層的升發，互相依存，不可或缺。最好的詠物詩，是三層具備，能工巧的描寫物象，並能寓含普徧的人情，而又突出作者性情的詩。

根據詠物詩的三個層次，來觀察義山的詩，其藝術的優劣，可以明白的顯現出來。

二、義山描寫物象的工巧

義山詠物詩的寫作技巧，其特色是偏重在描寫物的精神，強調它與人文意義相通之處，對於物象的描寫，較少用力。但是，義山偶一著力於物象，又往往能寫出物貌物態的精彩處，其技巧是：

1.運用細緻的筆觸

義山善寫柔細之物，而其詠物的筆觸亦以細緻見長。如其越燕一詩，寫燕的飛翔曰：「拂水斜紋亂，銜花片影微。」其微雨曰：「氣涼先動竹，點細未開萍。」其蜨曰：「葉葉復翻翻，斜橋對側門。」都是透過細密的觀察，寫出物象中幽深精緻的部分，捕捉了物象的靈魂，由小處見整體。因此，載酒園詩話曰：「李義山之詩，妙於纖細」（註九）。

2.運用感覺，彷彿形容

義山詠物，有時不直接寫物的輪廓，而由物的特徵或作用來寫，尤其善於運用人的感覺，加以形容，讀者自然知道所詠爲何物。如微雨：

初隨林靄動，稍共夜涼分。窗迥侵燈冷，庭虛近水聞。

此詩不直接寫雨，而透過視覺（動）、觸覺（涼、冷）、聽覺（聞），將微雨的情狀，作了精緻的描寫。

又如另一首雨，描寫下雨時：「秋池不自冷，風葉共成喧。」也是運用觸覺（冷）、聽覺（喧）

來寫雨，馮浩即評曰：「寫秋雨入微」（見馮注）。

以人的感覺寫物，而不直描物之輪廓，靠讀者自已的感覺，配合作品中其他因素（大多是景的因素）而領悟到作者所寫的物。如此，讀者有再創造的成就感，這是此種筆法的妙處。呂氏童蒙訓曰：

李義山雨詩：「摵摵度瓜園，依依傍水軒」，此不待說雨，自然是雨也。後來諸人咏物，不待分明說盡，只彷彿形容，便見好處。（註一〇）

「不待分明說盡，只彷彿形容」，正是說間接由物的特徵或作用下筆，讀者可以自已去領悟，增加讀詩的趣味，這是它的長處。但是，如果描寫得太簡略，讀者賴以領悟的因素不足，詩意便會顯得朦朧，不易知曉，而產生太「離」的缺點。如義山臨發崇讓宅紫薇，寫紫薇只用「一樹穠姿」四字，若不看詩題，便不知所寫何物。其杏花曰：「上國昔相値，亭亭如欲言。異鄉今暫當，脈脈豈無恩？援少風多力，牆高月有痕。爲含無限意，遂到不勝繁。」不看詩題，也不知所詠者爲杏花。其關鍵，是描寫物象的「賦」筆用得太少之故。黃永武先生曰：

詠物詩的佳妙，不在「詠某物，不言某物，而某物意自在」，因爲這種機杼，是屬於謎語的。（註一一）

正說出了間接寫物的缺點。上舉義山紫薇、杏花二詩，感發與寄寓都屬上乘，但以描寫物象而言，失於簡略，物的自然質性不顯，使詠物詩的基礎顯得單薄。義山詠物詩，因爲好用比興，少用賦筆，因此，偶而會有此失。

三、義山詩中寄寓的（普徧）人情

義山詠物詩的長處，不在寫物象，而在寫物神。所謂「物神」，即物的精神，其實即是物的特性所感發的人情。這是人們普徧的、具有共同性的情性反應，如見梅花開放於寒雪日，便說梅花有「傲霜枝」、有「堅強的意志力」。其實這只是人情的投射，但其投射的基礎却是某物的特性。依朱光潛先生之說，是人的生理對物產生「內模仿」，經過醞釀之後，又將引發的情性，以「移情作用」投射於外物，即是「由物我兩忘走到物我同一，由物我同一走到物我交注。」（註一二）因此，物中寓含人情，是順理成章的事。

由於義山詠物的取材有其特定的趨向，其寄寓的人情也有不同。如柔小殘離的物，寓含的大多是憐惜感、同情心、奮發的精神等；清高的物，寄寓的往往是純潔的心志、崇高的理想、孤高的無奈等。這些人情，代表著人類優美善良的一面，因此，義山的詩往往有淨化的作用。

義山是透過以下的藝術，將人情寄寓在物中，而使物象因人情的潤澤提振，而提高其價值與意義：

1. 以情體物，故物皆有情

義山體物之時，習慣將人情投射在物中，一霎時，物裏洋溢著人的精神，於是紫薇能知別離（其臨發崇讓宅紫薇曰：「不先搖落應爲有，已欲別離休更開」）；弱柳是婀娜風流（其贈柳曰：「見說風流極，來當婀娜時」）；柔柳成了會相思善歌舞的美人（其柳曰：「解有相思否？應無不舞時」）；櫻桃爲被鶯含而哀痛（其深樹見一顆櫻桃尙在曰：「惜堪充鳳食，痛已被鶯含」）……義山的詠物詩中，是一個有情世界。然而，別離、風流、相思、哀痛……種種人情，都是義山作詩時自然的移情而已。

作品中人文意義的高下，繫於作者思想與情性的高下。詠物詩中人情的含蘊，實緣於詩人情性的展現。義山的情性，誠如繆鉞先生所說：

> 李義山一往情深而復靈心善感，對於人事，對於自然，莫不如是。

又說：

> 義山對於自然，亦觀察精細，感覺銳敏。如詠蟬云：「五更疏欲斷，一樹碧無情。」涼思云：「客去波平檻，蟬休露滿枝。」七月二十九日崇讓宅讌作云：「露如微霰下前池，風過迴塘萬竹悲。浮世本來多聚散，紅蕖何事亦離披。」均體驗入微，照物如鏡，遺其形跡，得其神理，且聯想豐富，能於寫物寫景之中，融入人生之意味。（註一三）

繆鉞先生深刻的說出義山的情性特徵，以此情性創作，不管以人事、自然爲題材，都是濃厚的人情瀰漫其中，詠物詩自不例外。

2.運用比興，經營物之氣氛及精神

義山在詠物詩中，少用直接舖寫物象的賦筆，而多用比興之法。因物而興情，用情以比物，透過這種方法，義山在物的自然質性之上，建立了多彩多姿的人文世界。這種玄妙的筆法，前人已有體悟，載酒園詩話曰：

魏晉以降多工賦體，義山猶存比興。如槿花詩曰：風露凄凄秋景繁，可憐榮落在朝昏。未央宮裏三千女，但保紅顏莫保恩。因槿花之易落而感女色之易衰，此興而兼比者也……。（註一四）因槿花的鮮豔奪目，却朝榮暮落，興起女色易衰，青春不長，而未央宮女的感觸最爲深切，因此最易使作者起這種聯想，而取爲比喩的題材。於是宮女如槿花，槿花如宮女。義山的槿花詩遂寄寓了人世無可奈何的感受，而顯得豐富多彩了。

義山詠物之精彩處，往往是以人擬物，賦物象以人情，乃至將物人格化，秉其對人事物的深情以待景物，於是寫物如寫人。例如其回中牡丹爲雨所敗二首之二曰：

浪笑榴花不及春，先期零落更愁人。玉盤迸淚傷心數，錦瑟驚絃破夢頻。萬里重陰非舊圃，一年生意屬流塵。前溪舞罷君迴顧，併覺今朝粉態新。

開頭用「浪笑」已是擬人的口吻；其次以「傷心」、「破夢」亦然；其次有「舊圃」之懷，「生意」蕩然之歎。一首牡丹詩，彷彿都在寫逝去的美人了。

義山每愛在詩中，透過物以寫人世間可貴的情誼，如和孫朴韋蟾孔雀詠，寫孔雀：「舊思牽雲葉，新愁待雪泥。」越燕二首之二，寫燕：「命侶添新意，安巢復舊痕。」也寫高貴的情操，如高松、寫松：「有風傳雅韻，無雪試幽姿。」又如寫燈：「皎潔終無倦，煎熬亦自求。」這種詩篇，誠如李正治先生之言：

在某方面正通向人生境界的層次，而不是雜抒所懷而已。（註一五）

在詩歌的藝術來說，有很高的評價。而此種藝術層次，是義山透過深情，運用比興的方法，經營了物的氣氛與精神所締造的。

3.以他物作襯，以增強物之精神或作用

義山詠物詩的旨趣，既在透過物以寄寓其人世感懷或人生境界，因此，要盡量發掘物的精神或作用，以應所需。爲了說得更清晰、更突出，他常以他物作襯，而達到增強物之精神或作用之目的。如牡丹：

> 壓逕復緣溝，當窗又映樓。終銷一國破，不啻萬金求。鸞鳳戲三島，神仙居十洲。應憐萱草淡，却得號忘憂。

義山此詩借牡丹喻人世間之富貴者，求之者衆，氣焰高漲。詩末突以清淡的萱草相襯，是在富貴熱鬧中注入一股清流。但是，也使富貴的氣焰顯得格外逼人。

又如宿晉昌亭聞驚禽：

> 羈緒鰥鰥夜景侵，高窗不掩見驚禽。飛來曲渚煙方合，過盡南塘樹更深。胡馬嘶和榆塞笛，楚猿吟雜橘村砧。失群掛木知何限，遠隔天涯共此心。

「胡馬」以下四句即以胡馬、楚猿作襯，黃侃先生評曰：

> 此詩以驚禽與己之離緒，以胡馬、楚猿陪襯驚禽。（註一六）

詩中以胡馬、楚猿與驚禽相襯，因離群失據者增加，而作者所要表達的離緒便因此加強了。

義山詩中善用比較的方法，而達到意思上「深一層」之目的，這一點，陳文華先生曾經明白指出：

利用對比，而使作品達到深一層的目的，義山詩中用了不少。（註一七）

陳先生是以七律末聯寫研究的對象，發現義山以「比較與翻案」之法，使得七律的意思更爲深刻。而義山此一筆法，實廣泛的運用在其他類的詩上，且不止於末聯。如牡丹詩，用於五律末聯，鶯禽詩用於七律腹聯，透過比較之法，便使此物的精神或作用加強，而達到深一層之目的。

4.以文化精神提高物的思想價值

義山又時常將我們固有的文化精神在詠物詩中表現出來，於是其詩的境界，不但超越物象，也超越了人們尋常得失悲歡的感觸，而呈現著國人所共同嚮往或實踐的高貴情操，及歷經數千年所凝聚而成的傑出智慧，提高了物的思想價值。詩人每在物中，表達了仁者的襟懷，如其風云：

迴拂來鴻急，斜催別燕高。已寒休慘淡，更遠尚呼號。楚色分西塞，夷音接下牢。歸舟天外有，一爲戒波濤。

末聯以天外有歸舟，欲令風不起波濤，有憐憫孤弱之意，因此馮註引田評曰：「仁及萬物之意」。

又如失猿云：

祝融南去萬重雲，清嘯無因更一聞。莫遣碧江通箭道，不教腸斷憶同群。

此詩因見猿猴失群，於是叮嚀它要小心謹愼，莫要爲人所射，（註一八）而使同伴斷腸。

以上二例，其襟抱實源於孟子「惻隱之心」所推展的「仁民而愛物」。（註一九）詩人用於詠物，遂使物中盈溢人情而顯得不同凡近。

詩人亦在物中，寄寓了君子之節操。如賦得雞云：

稻粱猶足活諸雛，妒敵專場好自娛。可要五更驚穩夢，不辭風雪為陽烏。

三、四兩句，其意源於詩經鄭風風雨：「風雨如晦，雞鳴不已。」稍加潤飾，毛傳：「風雨，思君子也，亂世則思君子不改其度焉。」透過這個文化的賦含，平凡的雞成了君子的象徵，而提高其精神價值。

又如高松：

高松出衆木，伴我向天涯。客散初晴後，僧來不語時。有風傳雅韻，無雪試幽姿。上藥終相待，他年訪伏黿。

詩中特別強調松樹的「雅韻」、「幽姿」，這與義山另一詩——李肱所遺畫松詩書兩紙得四十一韻中寫松樹的「孤根邈無倚，直立撐鴻濛。端如君子身，挺若壯士胸。樛枝勢夭矯，忽欲蟠拏空。又如驚螭走，默與奔雲逢。」內容相應，都是把松寫成君子。孔子曰：「歲寒，然後知松柏之後彫也」（註二一），松柏是有節君子的象徵，於是具有了「雅韻」、「幽姿」。

黃永武先生說：「任何一件藝術品，都不能孤立在民族文化之外，所以任一首詠物的詩，也都是民族思想最佳的映象。」又說：「當一首詠物詩的內涵，融貫著民族文化理想的時候，詩的氣象就顯得磅礡而無垠了！」（註二二）由上述義山詩我們可知，詩的氣象所以會「磅礡而無垠」，乃是因為它賦含了民族固有的德行智慧，而提高了思想價值的緣故。

四、義山詩中寄寓的（自我）性情

探討過義山詠物詩中所寄寓的人情之後，我們將繼續觀察它是不是賦含著義山自我的性情。從另一角度說，即是義山的詩裏有沒有一個「我」，而有別於他人的詠物詩，顯出自已的特點，而臻於詩藝的高峯。

其實，在義山詠物詩的取材趨向中，我們已看出作者是一個具有纖細深刻的心思，而努力追求崇高理想的人。但是，觀察取材，只能得一個概略的訊息。透過寫作藝術的研討，我們對義山的思想感情會有更深切的了解。以下，是義山在詠物之時，將自我移入物中的方法：

1.迥殊的立意，突顯義山的不同凡近

義山的詠物詩，立意往往出人意表。因此每能造成詩境的幽深脫俗，使小小的物，呈現了廣闊的氣象，或悠遠的情味。

細察義山的立意，並非故爲詭奇。其詩意皆有理路，不過，這個理路較深較曲，常人不容易發現而已。而將詩意再作尋繹，我們會發現：它都是義山心境的寫照。這代表了義山不同凡近的性格。

簡單的說，義山的立意中，顯現了高遠的意志、純摯的情感，及敏銳深刻的思想。

如前述蜀桐一詩，「玉壘高桐拂玉繩，上含非霧下含冰」寫桐體的高，「枉教紫鳳無棲處，斲作

秋琴彈壞陵」寫桐「心」的高。桐作爲琴，或可逢得知音，已經是不差的遭遇；但是，蜀桐却引爲憾事，要留待鳳棲才算如意。這是多麼高遠的目標。

又如其鴛鴦云：

雌去雄飛萬里天，雲羅滿眼淚潸然。不須長結風波願，鎖向金籠始兩全。

鴛鴦不願分離，爲了長相廝守，寧可鎖入金籠。愛情的價值竟在自由之上！這是多麼純摯的情愛，與義山「春蠶到死絲方盡，蠟炬成灰淚始乾」（無題）的境界不是相彷彿嗎？

有些詩，對於人情的體會，有極深刻獨到之處，如槿花云：

風露淒淒秋景繁，可憐榮落在朝昏。未央宮裏三千女，但保紅顏莫保恩。

由槿花之豔麗短暫，聯想到宮女的青春易逝。宮女之有幸得寵，乃因其色，不在有皇恩；保不住美色，則皇恩亦去，寫出了人世情薄的一面。而人世也有情厚的一面，如離亭賦得折楊柳二首之一云：

暫憑樽酒送無憀，莫損愁眉與細腰。人世死前唯有別，春風爭擬惜長條。

此詩設爲答問，上二句柳戒行人莫折，下二句行人答柳以不得不折。其中特重別情，以爲僅次於生死之離，人情的濃郁溢於言表。

有些詩，則因立意巧妙，而造成殊異的情境，表現了作者的睿感。如木蘭花云：

洞庭波冷曉侵雲，日日征帆送遠人。幾度木蘭舟上望，不知元是此花身。

湖上送別的木蘭舟，原是出於眼前的木蘭花。遠近倏然結合，於是可愛的花朵因承載了日日離情，內含愈發豐富了。

以上所探討的詩篇，無論在物中寄寓的是義山的意志、感情、或思想，都具有清高、傑出的特色，義山是以奇傑脫俗而又暗合理路的立意來突顯的。

2. 純摯的移情，造成物我的交融

義山生性深情，對於景物亦是如此。因此，義山的體物，鮮少置身物外的觀照，而是身入物中，作主觀的體會。他是將內心的感情，極純摯的、自然的投射於物。此時，物變成了人，以其精神與作者交通，造成物我交融的情境。物我既已交融，則物與義山已不可分，於是在義山的詠物詩中，好多的物都賦含著義山的性情。

義山之以身體物，進而達成物我交融的過程，是有跡可尋的：首先，我們可見義山詠物詩中，常有一個「我」在，如其李花曰：「李徑獨來數，愁情相與懸」，其高松曰：「高松出衆木，伴我向天涯」，其臨發崇讓宅紫薇曰：「一樹穠姿獨看來，秋庭暮雨類輕埃」，其贈柳曰：「橋迴行欲斷，隄遠意相隨」，這些詩中，作者寫物時「隨物以宛轉」（文心雕龍、物色），將松的高大，紫薇的穠姿，乃至李的愁情、柳的遠意都體會了。同時，由於作者的移入，物已賦有濃厚的人情，物的精神面貌亦回映到作者的心靈，「與心而徘徊」（同上），而使得物我因交融而合一。

其次，詩人以此心境，遂以擬人之筆寫物。因爲物我合一之後，寫物即寫人，乃至寫物即寫我了。如其柳曰：「解有相思否？應無不舞時……傾國宜通體，誰來獨賞眉」，其贈柳曰：「見說風流極，來當婀娜時」，這是以人寫柳。至於其流鶯詩：

流鶯漂蕩復參差，度陌臨流不自持。巧囀豈能無本意？良辰未必有佳期。風朝露夜陰晴裏，萬戶千門開閉時。曾苦傷春不忍聽，鳳城何處有花枝？

則是以流鶯自喻，乃近而以流鶯自述了。這一點，研究義山詩者，早已注意到。如黃侃先生曰：「此首借流鸎以自傷飄泊。末二句言正惟己有傷春之情，所以聞此鸎啼，不禁爲之代憂失所也。」（註二三）不僅點出自喻之旨，而且指出移情之事。呂興昌先生說此詩是作者「追尋的落空之最具體的意象化」（註二四），流鶯既爲作者意象之物，則其爲作者心靈所寄，或者即是代表作者本身，亦爲自然之理。我們在義山詠物詩中，常常會讀到像流鶯一類的詩，既是寫物，又是寫自己，隱隱約約都有個義山的身影在，這是物我交融乃至物我合一的結果。

3.巧妙的理材，借物以寫我心

義山的心靈活動，可約爲兩端言之：一是追求崇高的理想，二是追求失敗後的挫折與自傷。這兩端都在他的詠物詩中可以看到。在討論取材時，我們已發現了這個趨向，在寫作之時，義山更運用了巧妙的方法處理他的材料，而達到借物寫心之目的：

(1)以物態象徵己心

義山對物的追求之心，寫得最用力，也表達得最傳神，如前述流鶯詩，寫鶯的漂蕩參差、度陌臨流，不正是寫追求嗎？又如其北禽曰：「爲戀巴江暖，無辭瘴霧蒸」，「戀」字即是追求的動機，於是禽鳥就不怕蒼鷹、弓矰之害，而勇敢飛赴目標。這些時，體物所以如此傳神，其實是作者借物寫心的結果。

(2)選擇物的特殊屬性以寫殘缺的心境

義山的追求，大多是失敗的，因此他有濃厚的「缺月殘花」的心境。義山於詠物詩中，大多採用選擇物的特殊屬性以描寫這種心境。

任何一物，必有它的普遍屬性，它在常態下會自然的表現出來。但是，在異態下，物就會出現它的特殊屬性，此與其普遍屬性往往有很大的差別。譬如，日在尋常狀態下，是明朗亮麗的，此爲其普遍屬性，一般人心目中的日，即是這樣的形象。但是，在陰雨中的日，是隱耀的，或者是含羞帶怯的，這是日的特殊屬性，失意的人往往對此屬性特別敏感。如義山的初起曰：

想像咸池日欲光，五更鐘後更迴腸。
三年苦霧巴江水，不爲離人照屋梁。

義山此詩，即是寫濃霧的蜀日，是「光」不起來的。作者在作此詩時，將「日」這個材料，作了特別的處理——擺在濃霧中，於是顯出日在特殊狀態下的屬性。義山即利用晦暗的日，比喻自己的心情。

義山在詠物詩中，對於若干物，也以取其特殊屬性，以寓寫自己的心境。或變圓滿爲殘缺，如鴛鴦一詩，一般說來，鴛鴦都是雌雄恩愛相隨的，義山所寫的，却是雌雄相憶而萬里分飛的鴛鴦。有時，則將巨大和孤獨結合，而寫出世間某種特異的蒼涼，如失猿一詩，猿的形象原是巨大的，但是失群的猿却充滿了孤獨。這時，詩的主旨已不是讚美猿的壯偉，而是同情猿的遭遇，要它趕快趨吉避凶了。

(3)擴充物的片面屬性以寫功名情結

前面已說到，義山善於處理題材，常常描寫物在特殊情況下的屬性，以喻寫心境。有時候，義山便徑將這特殊的、片面的屬性，即當成此物普偏的、全體的屬性。這是前一種處理方法的進一步發展。前一種方法，是對物性的偏取，此一種方法已是物性的改造。

義山擴充物的片面屬性以代全體，其具體內容，是將功名的屬性，加於象徵離情的柳和象徵君子的菊之上。如他的巴江柳曰：

巴江可惜柳，柳色綠侵江。好向金鑾殿，移陰入綺窗。

京師有御柳，御柳近金鑾殿，因此含有易承君恩的意味。這是柳的片面屬性，與大部分的柳沒有關係。義山寫巴江之柳，馬上聯想起御柳的屬性，將其加於巴江之柳上，將御柳的屬性擴充爲其他柳的屬性，義山其他寫柳的詩，即往往含有這個屬性。

義山寫菊的詩，也有此傾向。如菊曰：

暗暗淡淡紫，融融冶冶黃。陶令籬邊色，羅含宅裏香。幾時禁重露？實是怯殘陽。願泛金鸚鵡，升君白玉堂。

本詩第二聯用陶令、羅含，皆有以菊比喻爲君子之意。但是末聯突現功名意念，出人意表，其實這是義山的特殊處理，菊花可以製酒，可以供君飲用，義山把握這一點，將功名意念，寫入菊中，而且使其普偏化，將菊描繪成仕宦意願很強烈的君子。這種擴充一點，以致改造全體的方法，是義山詠物的一項特點。

五、小結——大醇小疵的詠物藝術

透過詠物詩的三個藝術層次——描寫物象，寄寓（普偏的）人情，寄寓（作者的）性情，以欣賞研究義山的詠物詩，我們得到這個結論：義山的詠物藝術是有大醇、有小疵的。

先說小疵，義山詠物之疵，乃是他下筆時，多用比興而少用賦筆，有時對物象的描寫不太在意，造成詠物詩「基礎建築」的薄弱。然而，這只是偶有的情況。

說到大醇，我們可分數點來說：

一是寫物時，義山頗能運用形象思維，他的主觀感情能很好的融進藝術形象之中，因而使詩歌顯得具體、生動、充滿美感。（註二五）譬如題鵝：「眠沙臥水自成群，曲岸殘陽極浦雲」，在晚霞滿天之時，鵝群悠游，眞是情趣無限；寫亂石：「虎踞龍蹲縱復橫，星光漸減雨痕生」，將黑夜中東倒西歪的亂石，經營出恐怖懾人的氣氛。寫物不但具象，而且傳神。將物的外在形象與內在精神，甚至所處的環境，加以巧妙溶合，而洋溢著物的特有氣氛，這是寫物的高手。可見前述義山描寫物象的小疵，實乃出於他的不用意；一旦用意，即轉成長處。

二是賦物象以人情，於是物的賦含乃告豐富多彩。義山善用比興之法，以人擬物，於是物裏有人，詠物之中呈現了多彩多姿的人文世界。譬如寫武侯廟古柏：「陰成外江畔，老向惠陵東」，以柏的成蔭和生長方向象徵了諸葛亮的惠政與忠誠；寫蟬：「本以高難飽，徒勞恨費聲」，蟬成了清苦的高士；寫杏花：「援少風多力，牆高月有痕」，杏花成了面對艱困，孤獨奮鬥的人。義山在物中建立的人文世界，使得人與物的距離縮短，而顯得物皆有情。更重要的，是物的賦含自此豐富，它不但容納了人世的許多感懷，更揭示了高遠的人生境界及固有的文化精神。

三是物中寄寓著義山自己的性情，而臻於詠物詩的最高要求。義山將其高遠的人生標的、追求不懈的精神，及因不遇而生的殘缺心境，透過詠物表達出來。我們看到蜀桐留待鳳棲的意願，流鶯「度陌臨流」的不懈追求、牡丹爲雨所敗後的殘景，都會深深感動，因爲它們正是義山心境的象徵。其物我交融進而合一的詩境，我們可見義山對物的專注與執著，這是何其可貴的感情世界！以詠物的藝術而言，它用巧妙的文筆，含攝了物象、人情、性情，超越了凡近，而臻於最高層次。

第四節　義山的心靈世界

了解作者的心靈世界，是研究作品的最根本工夫，文學作品既是在「表現人類感知的世界形象」（註二六），則除了語言文字的藝術美之外，心靈世界是最重要的探索對象、它是文學作品的內質（註二七），有了它之後，才能產生語言文字之美。

義山的詩，有一部分是詩題隱晦（如無題），或詩旨難明者，它們在綺麗細密的語言相襯之下，格外顯得朦朧神秘。則作者的心靈世界，似乎更爲複雜多彩。

在義山詠物詩的取材趨向中，我們發現了詩人心靈世界的若干「消息」，並略作研討。在其詠物詩的寫作藝術中，我們則進一步透過立意、理材、比興各方面，較爲細緻的了解詩人的心靈世界。但是，由於觀察角度的限制，這些都是有點零碎的、片斷的。

以下，我們要以作者的心靈世界爲探討的中心，透過詠物詩，並以作者其他的詩——尤其是抒情詩，作爲參證，找出它的結構之情況、開展之秩序，建立作者整全的心靈世界，作爲研究義山詩的結實基礎。

要在詠物詩中看出作者的心靈世界，從詠物詩的寫作藝術來說，是屬於前述「詠物詩的三個藝術層次」中的第二、三層，即是作者利用比興之筆，在描寫物象之後，譬喻或興發出來的人文世界，這個世界表現的或許是普徧的人情，或許是作者的性情，這都出於作者的感知或想像，即是作者的心靈世界。

以下，我們依序展現作者的心靈世界：

一、纖深善感的心靈與崇高的理想

義山的心靈是複雜而特殊的，他具有纖細、深刻、善感的特質，同時也懷持著崇高的理想。以如此特質，要輔成如彼的理想，在現實的因果條件中，有實際上的困難（如纖細則不易高遠，善感則難於執著）。但是，義山的心靈却同時具備了這些彼此可能乖違，甚至衝突的因素，在一起運作、激蕩。因此，其作品除了多彩多姿外，也呈現複雜詭異的一面。

義山心靈纖細、深刻、善感的特質，在詠物詩中，是隨處可見的。在選材的傾向、筆觸的運用上，前面已經談到。現在我們想就詠物詩的詩境上作一探討，詩境即心境之展現，透過它對作者心靈更能有完整的認識。如出關宿盤豆館對叢蘆有感云：

> 蘆葉梢梢夏景涼，郵亭暫欲灑塵襟。昔年曾是江南客，此日初爲關外心。思子台邊風自急，玉孃湖上月應沉。清聲不遠行人去，一世荒城伴夜砧。

此詩是作者「流落而爲關外之人，不覺凄兮其悲，因蘆葉之梢梢，而百端交集。」（註二八）義山詠物習於將自己置於物中，物我交寫，構成一個深刻的境界，如回中牡丹爲雨所敗、臨發崇讓宅紫薇、木蘭花等皆是，本詩亦爲一例。本詩所詠的蘆葦，是柔而細的植物，風過葉響，本易動人；然而，本詩除了抒發作者的流離之思外，又寫到漢武帝思子台邊的蘆葦，蘆葉聲中，思子的悵恨何限？更寫到荒城邊的蘆葦，荒城殘月，夜砧蘆聲，寫盡了多少興亡和生滅？作者透過蘆葉之聲，抒寫自己的悲哀、古人的悲哀、以及亙古恆存的人世無常的悲哀。此詩所展現的詩境，可以看出作者心靈是纖細、深刻的，亦是善感的。

義山的心靈又賦含著崇高的理想，這由他愛寫「高」的物，如蜀桐、高松、蟬等可以看出；而更有意味的，是他善於由纖細的物象中，寄寓高遠的理念，這個特點更值得我們注意。如初食筍呈座中云：

嫩籜香苞初出林，於陵論價重如金。皇都陸海應無數，忍剪凌雲一寸心。

筍雖一寸，志在凌雲，這正是作者寄寓在物中的心境。其他的例子，如豆粒大小的燈，有「皎潔終無倦」（燈）的志節；小櫻桃有「充鳳食」（深樹見一顆櫻桃尚在）的期望，這些詩都可看出：「儘管柔小，但却堅韌的意境。」（註二九）

義山細緻善感的心思，在詠物詩之外，也隨時自然的流露在他類的詩中，如其晚晴云：

深居俯夾城，春去夏猶清。天意憐幽草，人間重晚晴。併添高閣迥，微注小窗明。越鳥巢乾後，歸飛體更輕。

晴後使高閣的視野愈濶愈遠，小窗增亮，筆觸都很細緻。而因晚晴帶來的心靈喜悅，也體會到幽草得蒙天恩，有夕照之溫煦，又連想到越鳥歸巢的輕快。這些，更可看出作者的多情善感，愛己及物的胸襟。

義山追求崇高的理想，在他的安定城樓中尤有明顯的表露：

迢遞高城百尺樓，綠楊枝外盡汀洲。賈生年少虛垂涕，王粲春來更遠遊。永憶江湖歸白髮，欲迴天地入扁舟。不知腐鼠成滋味，猜意鵷雛竟未休。

此詩據張爾田先生玉谿生年譜會箋，爲義山二十七歲，「赴涇原之辟，娶王氏，試宏詞，不中選，仍居涇原幕」時作。（註三〇）英氣風發，以賈誼、王粲自喻，雖有懷才不遇的感慨，但是「永憶江湖歸白髮，欲迴天地入扁舟」之中，其抱負的宏大、志趣之高潔，委實令人敬佩。

透過叢蘆的喻意，到晚晴的抒懷；從嫩筍的凌雲之心，到欲迴天地、永憶江湖的直寫襟抱。間接、直接的都可看出義山細緻、深刻、善感而又具有崇高理想的心境。

二、盡瘁成灰的追求精神

義山既有崇高的理想，更有堅毅的追求精神，以實現理想。爲了理想，他可以鞠躬盡瘁，成灰而後已。

細讀義山的詩，可在字裏行間隱隱體會到作者追求理想的意志力。由於義山的心靈偏於纖細，因此，這種意志力的型態，是柔韌而堅毅，連綿不絕的。換句話說：義山的意志力，表現的不是強度，而是韌度。這與其藝術風格表現的是柔韌型態的優美，而非壯美，是一致的。

一般研究義山詩者，常注意到作者追求失敗後的痛苦；其實作者追求過程中的精神表現，恐怕是更值得重視的，它更有生命奮鬥的光輝！

在義山的詠物詩中，我們可間接體會到詩人的意志力。

義山的北禽云：「爲戀巴江暖，無辭瘴霧蒸」，禽鳥爲追求巴江之暖，竟不避瘴毒！其燈云：「皎潔終無倦，煎熬亦自求」，爲求明亮，寧可自我煎熬！其流鶯詩則寫出鶯爲了追尋「佳期」，不惜「漂蕩」、「度陌臨流」；其蟬詩寫蟬爲了居高，不惜挨餓費聲，而至於「五更疏欲斷」！凡此種種，很明顯的是作者意志力的投射，才有此堅忍可佩的精神表現。

除了詠物詩外，義山的追求精神在其「無題」詩中，表露得最明顯；衆所周知的名句：「春蠶到死絲方盡，蠟炬成灰淚始乾」（首句：相見時難別亦難），眞將追求的精神寫到絕頂。又如：「聞道閶門萼綠華，昔年相望抵天涯」（首二句），「斑騅只繫垂楊岸，何處西南待好風」（鳳尾香羅薄幾重），含在文字裏面的心情，都是異常執著的。

把握了義山堅忍的追求精神，我們才可以眞正體會到他十年應舉的屢挫屢奮，（註三一）他到處求機會以實現自己的理想；尤其是在藝術上，他對前賢如屈原、杜甫、李賀用心學習（註三二），但却獨闢蹊徑，成就了他「沉博絕麗」的特殊風格（註三三）。都是因爲有這股意志力在支持他、驅他，他地位雖卑微，精神上却多彩多姿的一生，即是這股力量建構的。

三、殘缺遠隔的心態

義山的詠物詩中，又自然流露著殘缺遠隔的心態。

義山於詠物之取材時，常取殘缺流離之物，如流鶯、殘花、落花、破鏡等；又每選擇物的特殊屬性，如鴛鴦的分飛、猿的失群等，以寫殘缺與流離。這些，我們已在前面說過。而透過如此的取材與理材，義山詠物詩即時常出現如此的詩境，如其破鏡云：

玉匣清光不復持，菱花散亂月輪虧。秦臺一照山雞後，便是孤鸞罷舞時。

破損的鏡面，照山雞而不映孤鸞。這對鸞鳥來說，是多麼的頹喪與無奈！

又如其亂石云：

虎踞龍蹲縱復橫，星光漸滅雨痕生。不須併礙東西路，哭殺廚頭阮步兵。

亂石的阻隔，路途的險惡，使一個心懷憂患的旅人禁不住徬徨而痛哭！

這些頹喪、無奈、徬徨、痛哭，是詩境，更是詩人的心境，其實便是詩人感情投射到外界物象的結果。這與無題的「相見時難別亦難，東風無力百花殘」（首二句），「劉郎已恨蓬山遠，更隔蓬山一萬重」（首句：來是空言去絕蹤），春雨的「遠路應悲春晼晚，殘宵猶得夢依稀」，是在同樣心情下凝聚的充滿血淚之文字。其中，呈現了義山殘缺而遠隔的心態。

這種心態，實爲前述纖深善感的心靈與崇高的理想，及盡瘁成灰的追求精神相結合之後的「產物」義山心中懷有崇高的理想，便以執著堅忍的態度去追求它；但是，義山的力量却是纖細柔弱的。因此，失敗幾乎是必然的結局，悲劇幾乎不能避免！而義山的心靈是深刻的、善感的，殘缺感與流離感便時時要襲擊他的心了！如果義山的意志力不強，失敗之後能認命，放鬆或中止自己的追求，那麼心靈的傷痕便會逐漸痊癒。然而，義山的追求是執著的，失敗又是必然的，遂在此重覆衝擊之下，心靈便連續創傷，且愈傷愈重！這一點，呂與昌先生曾有明晰的闡釋：

義山的悲劇，最沈鬱，最濃得化不開來的，還是在於他的一往情深所生出的執著。他失望愈大，執著愈深，而執著愈深，落空也就隨之更大。（註三四）

在「失望」、「落空」之下，心中自然充滿殘缺感與流離感了！

一再「失望」、「落空」的心情下，眼見目的遙不可及，而時光飛逝，青春漸老，這世界和自己似乎便愈隔愈遠，最後，義山竟因遠隔之心而有自困窮城的傾向了！黃永武先生所作李商隱的遠隔心態一文，說：「遠隔孤獨的流離心態，是李商隱詩中的基本情調」，黃先生以心理學的分析，認爲時空的遙隔是心態焦慮的反映，是懷才不遇者自憐自賞的反應。又解釋遠隔心態的形式，是由於孤獨引起心理疲勞所致，（註三五）此說與呂興昌先生之言相參，則義山此種心態形成的原因，能有更清楚且全面的了解。

了解這種心態是很重要的，由義山的詩每傾向於「缺月殘花」的境界看來，他似乎頗爲急切且在意的要將殘缺遠隔的情緒表現出來，換句話說，這種因重大挫折所形成的心態，是義山詩歌寫作的一個大動機。黃永武先生即說這種心態「也可以視作自我奮鬥以完成自我的過程」（註三六）。或許可以這樣假設：義山如果在人事功名上如意順暢，深沈的慨歎沒有了，那麽他許多深刻感人的詩篇很可能就不會產生了！

四、難解的功名情結

義山的詠物詩，有一個最特殊的表現，此爲他家詠物詩所寡有的，即是寄寓著濃厚而難解的功名情結。

我們在前面已述及，唐人作爲象徵別情的柳，及代表清高精神的菊，義山都有此寄寓。他更將寄寓，廣泛的運用在紫薇、槿花、松、雪、蜨、蟬……之上，草水鳥獸，都有功名的氣息，（註三七）這實在是義山詠物的一個特色。

義山的春日寄懷，曾將其對功名的濃烈期望，坦然的寫出來：

世間榮落重逡巡，我獨邱園坐四春。縱使有花兼有月，可堪無酒又無人。青袍似草年年定，白髮如絲日日新。欲逐風波千萬里，未知何路到龍津。

至於他的詠淚，則是功名失意後的嗚咽流涕了：

永巷常年怨綺羅，離情終日思風波。湘江竹上痕無限，峴首碑前灑幾多。人去紫臺秋入塞，兵殘楚帳夜聞歌。朝來霸水橋邊問，未抵青袍送玉珂。

兩首詩，都以象徵功名失意的「青袍」爲材料，義山之不能安於青袍，是顯而易見的。

由心理方面看義山的功名情結，其形成的原因，乃是政治上的崇高理想——欲迴天地。義山一生以很高的熱情去追求它，但是，他缺乏門第背景的支持，又夾纏在牛李兩黨的一些是非恩怨中，現實的環境裏，義山爭生存的力量和他的心靈一樣纖細。在此因素中，義山遭到必然的失敗，反覆的挫折，而以其執著的性格，又不肯放棄這個理想的追求，失敗重重，挫折更多，追求之心態激切，於是產生了難解的功名情結。

義山之功名情結，值得我們重視。他詩集中的一些對長官的干謁之詩，如獻給杜悰的兩首「五言四十韻」詩，以及寄贈令狐綯的詩，辭氣之間，隱然有切望汲引的濃烈意願，顯得有些躁進。如果知道義山有這個情結，我們對這些詩會有比較持平的了解及評價。而舊唐書文苑傳說義山「無行」、新唐書文藝傳說他「放利偷合」，極可能即是因爲義山在此情結下，急切躁進的行動，讓人們產生的誤會。更有一事値得尋思：一個人在重大挫折之後，或者情結不得紓解之餘，往往尋求排遣，以唐朝士大夫的習性及當時社會生活情況來說，偶而縱情聲色且發爲狎褻之詩，如「落魄江湖載酒行」（杜牧，遣懷）式的作品，在義山的詩集中出現，以常理推之，亦爲自然之事。（註三八）朱鶴齡說義山「指事懷忠鬱紆激切直，可與曲江老人相視而笑」，又說義山處亂世，因此「其身危，則顯言不可而曲言之；其思苦，則莊語不可而謾語之。計莫若瑤臺璚宇、歌筵舞榭之間，言之可無罪而聞之足以動」，雖不免對義山維護太過，但是他認爲不當以「才人浪子目義山」（註三九），却是以厚道觀古人而悟出的極有見地之言。因此，明白義山的功名情結，不但對其作品，乃至對其品格，都會有比較正確與深入的了解。

五、耿耿入世的忠義情懷

說過義山的功名情結之後，我們接著要說的，是此種情結乃是與他的忠義情懷相結合的。義山用世之心雖切，却是基於他欲爲國家社會貢獻一己心力的崇高意願而發，也就是基於前述義山的崇高理想——欲迴天地而發。義山一往情深的心境，結合他的理想，表現在對國家社會的態度，是入世意味極重的耿耿忠義。這種忠義之懷，使得義山的功名情結賦含著理想性。因此，不但不致形成文人自憐自艾的狹隘心態，而且，顯現了對社會蒼生悲情的執著，而洋溢著可敬可愛的人生境界。

義山的詠物詩中，隱然可見其忠義情懷，如野菊云：

苦竹園南椒塢邊，微香冉冉淚涓涓。已悲節物同寒鴈，忍委芳心與暮蟬。細路獨來當此夕，清樽相伴省他年。紫雲新苑移花處，不取霜栽近御筵。

此詩所寫的野菊，其心不忍與暮蟬同寂滅，而他年移花之時，不逢時機，不得移近御筵，獨處苦竹園南，不覺傷心淚下。野菊之「落淚」，是有其用心的，一心一意在以冉冉之香貢獻於御筵，「御筵」是國家社會的象徵，因此，這詩的層次要超乎自憐自艾之上。

至其武侯廟古柏云：

蜀相階前柏，龍蛇捧閟宮。陰成外江畔，老向惠陵東。大樹思馮異，甘棠憶召公。葉彫湘燕雨，枝拆海鵬風。玉壘經綸遠，金刀歷數終。誰將出師表，一爲問昭融！

此詩藉古柏寫出諸葛亮的精神，「陰成外江畔」寫其惠政，「老向惠陵東」寫其忠心，忠義之氣充滿在字裏行間。這也是義山內心的自然寫照。

忠義之懷，在義山他類詩中，有明顯的表露。如詠史詩中，他理想中的歷史人物，除了前述的諸葛亮外，還有盡忠宗國不惜身殉的屈原（見其楚宮「湘波如淚色漻漻」）、羽翼漢室鞏固太子位的商山四皓（見其四皓廟）、熱心爲漢文帝建制立規的賈誼（見其賈生）、蕩寇保疆的李廣（見其舊將軍），凡此，都可看出他關心廣大蒼生的襟抱。

義山在時事詩中，對國事的批評、當代人物的褒貶，更可看出他關懷國事的眷眷心意。張淑香先生即就義山詩，描繪了義山的人格。如「有感二首」（「九服歸元化」及「丹陛猶敷奏」）中看出義山對宦官爲惡的深惡痛絕；「重有感」(玉帳牙旗得上遊)可看出他希望昭義節度使劉從諫興兵勤王，誅除宦官；從「哭劉蕡」諸詩表露了義山對劉蕡被宦官讒死的憤恨；「行次西郊作一百韻」中暴露了時政的黑暗，人民的痛苦。由此種種看出義山是「忠義」的。文中並引前人如錢龍惕、馮浩，近人顧翊群先生之言以相印證。（註四〇）

義山忠義之懷，自然是出於我國傳統文化的薰陶，這看他的詠史詩即可領悟。我們已於前面文字中，說到義山在詠史詩中，寄寓了「仁者的胸襟」、「君子的節操」的文化精神，這種精神鎔鑄了義山忠義的情懷。

六、小結——主觀的世界，自我的色彩

探究過義山的心靈世界後，我們要把其中的三個要素：理想、執著、纖細，其心靈複雜特殊的世界，都是這三個要素交互影響，循著迂迴曲折的路徑而建構的。而其總體呈現的形象是主觀的世界、自我的色彩，也正是義山作品的藝術形象。

義山有崇高的理想，尤以用世的「欲迴天地」的意念特別強烈。但是他追求理想的氣力却有不足，其根源即是他心境的纖細。由於纖細，義山究竟缺乏雄才大略的開拓本錢，其寒素的門第背景雖是由

於天生，不可避免；但像因婚姻捲入牛李兩黨的夾縫中，這種事實，純從個人事業來看——即不論愛情境界，恐怕是義山對大的政治環境沒有認識或者沒有感覺的結果。義山視野的不廣濶（或者說：不是時時都那麼廣濶），忽略了若干成功必須的因素，導致了他的失敗，而產生重大的挫折。

挫折之後的義山，並不止息，他執著的態度驅策著自己，轉變了方向，他由向外的追求轉而向內，且與外界產生疏隔，而日益加深。因此，義山大部分的心靈活動，都是在「我」的範圍中進行的。一個人太偏重或傾向自我，缺乏客觀環境的體認或意識，於是以主觀之懷體物會心，或者將自我廣泛的投入於其中，或者糾結於其中，是很自然的事。此可以解釋義山入世的忠義情懷，終究會牽纏著功名情結的原因。

義山主觀、自我的心靈特質，直接影響到他的藝術風格。

譬如：義山的詠史詩的水準很高，但其中若干對歷史的議論，如茂陵一詩對漢武帝的評價的有貶無褒，主觀的成分很重。而對歷史人物的愛情故事的描繪詠歎，又充滿著個人的色彩。其豔情詩對愛情的體悟、態度，主觀、自我的意味更深（以上請參考本書有關義山詠史及豔情各章）。至於詠物詩，也是這種意味（已於本章有所敍述）。

由於義山心靈的纖細，其雄壯奇偉的作品不多，作品中的陰柔氣重於陽剛氣。又因其心靈的執著，意志力堅韌，故魄力或有不足，毅力則過於常人。加上富於理想性。因此，義山遂締造了他優美而有風骨的藝術風格。最特殊的，是義山的主觀、自我，結合其藝術風格之後，形成了他「偏美」的特色，呈現了他獨有的藝術魅力。義山的心靈世界，是他許多不朽名篇的根本。

第五節　結論

義山詠物詩的取材，傾向於物的小與柔、高、殘缺與流離這幾種質性或形態。根據這個了解，我們探討其寫作藝術與心靈世界，才有堅實的基礎，及易於把握方向。

根據詠物詩的三個層次來看，義山描寫物象十分工巧，筆觸細緻，並善以人的感覺間接寫物，造成特殊效果。在體會人情方面，義山善以人情體物，因此物皆有情；巧於運用比興之法，使物皆能表現精神；並以文化精神，提高物的思想價值。在寄寓自我性情方面，義山表現得格外特出，彷彿義山所賦的物中皆有義山的身影與精神。其寫作時，立意高，理材好，因此，義山殘缺的心境、功名的情結，都巧妙的在物中呈現。但是，義山好用比興，少用賦筆，有時不太在意描寫物象，偶而會有寄寓高妙而物象不清楚的小缺失。

在詠物詩中，我們又可觀察到義山的心靈世界，在崇高的理想、執著的追求、纖深的心緒中，我們發現了義山心靈富於主觀性及自我色彩的特點。這種了解，對研讀義山的所有作品，都有直接的用處，是使其詠物詩與他類作品相通的主要線索。因此，是了解義山總體精神的重要根據。

【附　註】

註　一　李正治，六朝詠懷組詩研究，師大國研所論文，頁一五一。
註　二　同註一。
註　三　朱光潛，文藝心理學，臺灣開明書店，頁二三六。
註　四　同註三，頁二三七。
註　五　同註三，頁二三六—二三七。
註　六　同註三，頁二四七。
註　七　吳雷發，說詩菅蒯，頁四，見丁福保訂清詩話（藝文印書館印行）平裝第三册
註　八　李重華，貞一齋詩說，頁八，清詩話，平裝第三册。
註　九　見程夢星、李義山詩集箋注，（廣文書局，民國七十年八月再版），頁九一。
註一〇　同註九，頁四七。
註一一　黃永武，詠物詩的評價標準，見氏著詩與美，（洪範書店，民國七十三年十二月初版），頁一五六。
註一二　同註三，第三、四、五章。
註一三　繆鉞的兩段話，見氏所著論李義山詩，（中國詩季刊卷七期一，民國六十五年三月，頁一〇五及一〇六）。
註一四　同註九，頁九四。
註一五　同註一，頁一五三。

註一六　黃侃，李義山詩偶評，（學海出版社，民國六十三年十二月初版），頁三三—三四。
註一七　陳文華，比較與翻案——論義山七律末聯的深一層法，（中華文化復興月刊，二卷一一期，民國六十七年二月，頁四八—五一）。
註一八　此詩第三句解釋，依馮註。馮氏於句下註曰：「此只取莫爲人所射耳。」
註一九　「惻隱之心」見孟子公孫丑上、告子上；「仁民而愛物」見孟子盡心上。
註二〇　詩經，（十三經注疏本，藝文印書館，民國五十四年六月三版），卷四之四，頁五。
註二一　論語子罕篇。
註二二　同註一一，頁一七七及一八〇。
註二三　同註一六，頁三五。
註二四　呂興昌，試論義山詩，（現代文學四三期，民國六十年五月，頁二〇七—二二五，引文見頁二一〇）。
註二五　以上數語，乃取用李商隱詩選，（仁愛書局，民國七十三年三月版），頁二二三，對義山細雨詩之說明，而稍加改易。
註二六　同註一，頁一一七。
註二七　顏崑陽，論魏晉南北朝文質觀念及其所衍生諸問題，古典文學第九集，（民國七十六年，四月）頁五三—一〇四。
註二八　見馮浩，玉谿生詩集箋注，（里仁書局）頁二〇五何評。
註二九　吳調公，李商隱研究，（西元一九八二年二月），頁三二。

註三〇　張爾田，玉谿生年譜會箋，（中華書局，民國六十八年五月台二版），引用文字見頁五二，編年詩見頁五六。

註三一　楊柳，李商隱評傳，（木鐸出版社，民國七十四年七月初版），頁七一－七七，說：義山於太和二年（公元八二八年）即十七歲那年開始應舉，直到開成二年（公元八三七年）登進士第，中間恰巧經過了十年的時間。

註三二　參註三一，第十四章，李商隱詩的創作精神探索，頁三二五－三三〇。

註三三　同註二九，第六章，李商隱詩歌風格的形成和發展，頁一四一。

註三四　同註二四，頁二二一。

註三五　黃永武，中國詩學－思想篇，（巨流圖書公司，民國六十八年四月一版），頁八一－九四。

註三六　同註三五，頁九二。

註三七　參黃盛雄，李義山詠物詩中的柳，（台中師專學報第十四期，民國七十四年八月出版，頁一一三－一二五），參、義山詠物詩中功名情結之探究。

註三八　關於唐朝社會的開放性，如士女的游觀習俗、進士的通脫思潮、女道士同文人的交游或風等，可參註二九，頁九九－一〇七。

註三九、以上朱鶴齡說，皆見其箋註李義山詩集序，見李義山詩集，（學生書局，民國五十六年五月出版），頁一－七。

註四〇　張淑香，李義山詩析論，（藝文印書館，民國六十三年三月初版），頁二二三－二二九。

第五章　李義山詩藝總論

在第二、三、四章之中，我們選擇了義山最具代表性的作品——詠史、豔情、詠物三類詩，加以論述。本章，我們擬對義山在詩歌藝術上的成就作一總論。

詠史、豔情、詠物三類詩是義山詩的代表作，則其中寓含著義山在詩歌上的大部分成就，自是無庸置疑，這也是本書所以各立專章加以探討的重要理由。但是，義山在他類詩上的成就，雖然在質上或量上不能與上述三類詩相比，而吉光片羽，也有彌足珍貴之處，如他對時事的種種感觸、自傷之作、以及一部分閒適的詩篇，常有美篇或佳句流傳人口。這些詩篇，當然應該受到重視。因此，本章以二、三、四章爲基礎，加上三類以外的優美作品爲參考，合併討論，以期能見義山詩藝之完整面貌。

文學作品，包含形式與內含，而且彼此有密切的關聯，本章有關藝術性的探討，屬於形式方面；思想內容的探討，屬於內含。在撰寫之時，特別著重形式與內含的交互關係，希望透過分析與綜合的工夫，探討出義山在詩歌藝術上的奧妙。

第一節　藝術性的探討

一、意象的塑造

詩的意象，簡要的下個定義，可用黃永武先生之言爲代表：

「意象」是作者的意識與外界的物象相交會，經過觀察、審思與美的釀造，成爲有意境的景象。（註一）

在作詩的過程中，第一是意象的塑造，其次則是語言的表達。美好的詩篇，在作者塑造意象之時，即已打定了審美的基礎，再運用語言的種種技巧加以表達，如果意象與語言得以「同一」（註二），則佳篇即成。因此，意象的塑造及語言的琢練，都是詩歌的創作藝術。

茲將義山在意象塑造上的特色分述於後：

1. 議論的具象化

中國的詩歌，稟承著獨特的抒情傳統。（註三）抒情之法，一是用敍述，二是用議論。唐人慣用敍述之法，透過景物、事類的描繪，以寄託心中無盡的情意。尤其是善用情景之法，將情感與景物分列或與景物交融，（註四）此法唐人用得最多，後人也特別注意到這種方法，而發展出頗爲周密的理論。（註五）敍述之法，由於面對的是景物、事類，有具體的形象可寫，因此，要達到詩歌具象化的要求並不難。

用議論以抒情的方法，却不具備敍述法的便利。議論是說理，理是抽象的，它不具備景物、事類具象化的條件。因此，議論要使其具象化，便需要有更高的技巧。它要將抽象的理，透過敍述的一道轉折，利用景物、事類的具象條件，來顯示理、映襯理，因而表達出作者的感受或諷諭，完成以議論抒情的要求。

義山的詩，常常抒發他對時事、歷史、自我，乃至物類的許多看法，是一個喜愛以議論入詩的詩人。我們在他的詩篇中，時時可以發現清靈的理趣。義山詩所以會有理趣，主要的是他善於將抽象的議論具象化，而使意象活潑生動的緣故。其方法，還是借用敍述之技巧，將議論寄寓或交織於敍述之中，黃永武先生曾舉義山的北齊二首之二的「小憐玉體橫陳夜，已報周師入晉陽」，以爲是「分攝空間的兩幅畫面：一樂極，一悲極，悲歡的畫面，像兩個斷片瞬間轉換，不須點出感慨而感慨自足」（註六），所謂的「畫面」即是議論具象化後形成的，透過並列的兩件事，而將「君傾國自傾」的感慨作了生動的表達。如此才能如施補華所云：「以議論驅駕書卷，而神韻不乏。」（註七）

又如義山的常娥云：

雲母屏風燭影深，長河漸落曉星沈。常娥應悔偷靈藥，碧海青天夜夜心。

後兩句以議論行文，基本上是要寫出愛情之價值超越長生的看法。義山巧妙的以「碧海青天」爲場景，而以常娥的夜夜想念置於其中。富於感覺性的場景，加上美人沈思的淒美畫面，暗暗透出了常娥的寂寞，於是對偷藥之事有所反省，進而對愛情與長生兩個不可得兼的事，提出義山主觀的價值批判。此詩所以受人賞愛，除了立意出人意表之外，能將議論具象化是主要的原因。

以上所舉之例，北齊是詠史詩，常娥是豔情詩。他類的詩，義山也善用此法，如詠物詩中的破鏡、亂石、蟬、鴛鴦……感遇詩的海上、有感……都是很好的例子。可見此種筆法，義山普徧的運用在他的作品之中。

議論的具象化，對義山而言，不只是意象塑造的技巧而已，它對義山在文學史上的地位有一定的影響性。詩至晚唐，以敍述抒情的方法，由於運用過多，已不易創新。義山善以議論入詩，爲詩開闢了一條大路，是甚爲傑出的事。而義山的詩議論而有神韻，不淪爲史評或名理詩的原因，即是議論巧妙的具象化。此法，使義山突出唐人的窠臼，而却保有唐人的優點，建立了他在文學史上的創新地位。

2.感覺性的强調

義山的詩，善於以感官意象加強其氣氛和情韻，使詩中的感染力相形的增加。

運用感官意象的輔助，在義山的豔情、詠物、感遇詩中最爲普徧。在探索義山豔情詩的寫作藝術時，我們曾說他「以鮮明穠麗的語言描寫對愛情的沈醉或嚮往」，用亮麗的顏色（視覺）、芬芳的氣味（嗅覺）、溫暖的物類（觸覺）來表達內心的熾熱興奮。他又「以涼冷透明感的語言描寫愛情的空虛與無常」，常用涼冷的景物（觸覺）、涼冷的顏色（由視覺轉爲觸覺），以寫愛情的挫折與無常。

在探討詠物詩的寫作藝術時，也說他描寫物象時，能運用細緻的筆觸，更能「運用感覺，彷彿形容」，曾以其雨詩爲例，其中即以人的視覺、觸覺、聽覺，塑造了雨的形象。而其感遇詩，如謁山云：

> 從來繫日乏長繩，水去雲回恨不勝。欲就麻姑買滄海，一杯春露冷如冰。

此詩借仙典以寫人事，「繫日」、「買滄海」都是寫人的奮鬥。奮鬥的結果，是獲得冷如冰的春露而已—「冷如冰」正以觸覺寫心中的感覺，由生理轉入心理，筆法神妙，很富於感染作用。

運用感官意象的輔助，使詩境富於活力，本是詩人常用的技巧。義山的成功處，是他善於配合題材，而產生不同的作用。譬如豔情與感遇詩，透過感官意象的感染作用，使讀者對詩的感覺更鮮明，甚至因此疏略其他的原因（如追尋詩中的本事），而使感覺強化、獨立，感性的活動因此更爲活躍。而於詠物詩中，感官意象的輔助，却能使物象超越形象的侷限，而深入物的生命之中，透過對物的生命的描摩與發掘，物中所含的宇宙之道或人生哲理，透過比興之法，得以彰顯，譬如以蟬的「費聲」、（聽覺），寫出它的「高難飽」，同時，「高難飽」正寫出一個人生的遭遇。以此，感官意象在詠物詩中，則有助於知性活動的引發。

3.意象的強化

義山又善於作意象的強化，或以微小的物加以特寫，或取物象的某些特徵予以誇大，使意象的浮現因而引人注目乃至出人意表。

這種刻意爲意象作強化的工夫，用得最特殊的，是義山的詠物詩。我們在探討其寫作藝術時，在寄寓自我性情時，曾列出「選擇物的特殊屬性以寫殘缺的心境」一目，譬如其初起詩寫四川苦霧中的朝日，總是那麼暗淡，以喻寫自己的心情。又曾列出「擴充物的片面屬性以寫功名情結」一目，譬如寫柳，以京師御河有柳，於是柳中即有功名之思；甚至因菊花釀酒，可升於君王之堂，把菊也寫成與功名有關了。這都是運用意象強化的工夫來寄寓自己主觀的心境。

至於在其他詩中，義山也採用此法，這是唐人「以小見大」的習用筆法，非義山所能專美。義山詠史詩中，善於由小物小事中表現大關鍵，如南朝一詩中，以梁元帝「只得徐妃半面粧」寫出元帝的失民心，即是一例。

意象強化之法，所取的是物象中的小者或局部，強加擴大，以喻寫作者的心境。此法所以巧妙，乃是：

一、既是物象中之小者或局部，在未經詩人提出前，大家並不注意。而一經詩人提出，加以強化之後，竟然能代表或象徵偉大的感情或思想，讀者會有意想不到的驚喜。

二、物象經改造之後，與詩人的心境溶合，事實上是另外開闢了一個境界。這個境界，大多是暗合情理，但爲讀者所未曾涉足者，因此能產生特殊的情趣或理趣。

意象強化之法，對主觀性重的詩人尤爲重要，客觀的物象往往與自己的心境有距離。一經改造或強化，就無此距離，因此，物象遂源源不窮的可以爲詩人所用。義山正是偏於主觀性的詩人，故其在詩中運用此法，尤其是詠物詩，顯得特別巧妙。

4.意象的綰合與疊映

義山的詩境，以繁富見長。要營建這樣的詩境，往往要利用不同時空的種種意象加以組織，產生新的秩序，才能達到目的。於是，詩人在組織意象時所利用的高度技巧，最能看出匠心。關於這個技巧，黃永武先生論之已精，黃先生舉義山無題——颯颯東風細雨來，爲綰合之例，以爲是由「春心」、「花」、「相思」、「灰」四個意象，靠「灰」綰合在一起，作爲共同的結局。舉義山五松驛爲「疊映」之例，「將秦代的李斯趙高、漢代寫過秦論的賈誼，複疊在五松亭前已被斬伐的松樹上。」（註八）

意象的綰合與疊映等組織技巧，義山廣泛的運用在詠史和豔情二類詩中。我們於探討義山詠史詩時，曾強調義山詠史詩的場景佈置及詠史與感時結合這兩種技巧。詠史詩的題材是古事，場景却是今景，將想像中古事的虛象疊映在今日的實景中，是義山慣用的技巧，如夢澤云：

夢澤悲風動白茅，楚王葬盡滿城嬌。未知歌舞能多少，虛減宮廚爲細腰。

此詩之中，「夢澤」爲今景，楚王愛細腰爲古事，二者疊映之後，產生了鮮明生動的詠史畫面。

在豔情詩中，義山亦巧妙的組合許多原本似不關聯的意象，而使詩境顯得多彩多姿。尤其是運用神話故事時，人間與仙界不同空間意象的組合，是義山最習用的手法。如著名的碧城三首，採取的是組詩的方式，詩中廣泛的採用人世仙界的意象加以組合，以第三首爲例：

七夕來時先有期，洞房簾箔至今垂。玉輪顧兔初生魄，鐵網珊瑚未有枝。檢與神方敎駐景，收將鳳紙寫相思。武皇內傳分明在，莫道人間總不知。

此詩的七夕、神方爲仙界之事物，其餘則爲人間事物，其意象交融於一詩之中，詩的空間因之加大，意味也有不同。如果將此三首詩合併而觀，更可見其妙處：第一首碧城十二曲闌干，所用大多是仙界的意象；第二首對影聞聲已可憐，仙味漸減，人性漸增；至第三首，仙典用得最少，多寫人間之事了。三首詩的排列有如仙女下凡，在天上時，仙袂飄飄；至人世，則化爲窈窕淑女。但是，她是仙凡的合體。

意象的組合，將單純的意象締結爲複雜的意象，這比詩人塑造單純意象的工夫更深，而其結果也更能使詩境豐富多彩。

5.意象的併發

義山又善於在詩中，將孤立的意象並列，而把意象與意象間的關係切斷或模糊化。而使孤立的意象之間，不依邏輯思路和先後秩序而同時呈露（併發）。

譬如義山錦瑟詩的名句：「滄海月明珠有淚，藍田日暖玉生烟」、「滄海」、「月明」、「珠有淚」；「藍田」、「日暖」、「玉生烟」這些意象並列，其間都是孤立的，沒有任何的連接媒介。但是由於意象的強烈暗示，所建構的境界反而更爲豐富，如劉若愚先生說：「淚字引起悲感，烟字加強迷離的氣氛」，又說：「藉泣淚之珠與恍惚之玉描畫出悲劇性的人生觀」（註九）；徐復觀先生說：「滄海月明，正採珠之時；但所採之珠，竟然有淚，而成爲一不幸之淚珠」，「藍田日暖，景象清妍；

而在此景象清妍中之良玉，却浮為烟靄，可望而不可即，令人把捉無從」（註一〇）；柯慶明先生說：「前一句給我們一種遼闊邈遠但是却極為淒涼的感受，後一句則似乎是美好、溫暖的情境，却籠罩於一片迷濛中。」（註一一）諸家的解釋都不盡相同，都帶著可能性，原因即在缺乏連接媒介，不能作太明確的詮釋；也因此，詩境才能在讀者不同角度的感知之中，作廣大的延伸，而使諸意象發揮它的最大作用。

義山這種方法運用得很普徧，並且甚為典型化——他在有些詩中，幾乎去掉所有的連接媒介，而使意象孤立並列，而發揮意象併發的作用，使詩境更繁富，也更具朦朧性。無題諸作，用之尤多。如「昨夜星辰昨夜風，畫樓西畔桂堂東」、「一寸相思一寸灰」、「扇裁月魄羞難掩，車走雷聲語未通」，「櫻花永巷垂楊岸」、「紅樓隔雨相望冷，珠箔飄燈獨自歸」等，對構成無題詩瑰麗、豐富、朦朧的詩境來說，有相當大的作用。

據張淑香先生的研究，「這些詩句的意象，都是由名詞或名詞片語的孤立或並列而產生的」（註一二），由於「詩求人能『感』……『感』貴豐富，作者說出一分，讀者須在這一分之外見出許多別的東西，所謂舉一反三。」「文字的功用……在詩中它在『暗示』，讀者注重聯想」（註一三），連接媒介的去除，少了聯想的一道障隔，自由的空間因而擴大，加上名詞是實字，又增加了詩的「密度」（黃永武先生語），意象併發的效果所以卓著，其基本原理即在聯想的自由和「密度」的增加。

二、語言的琢鍊

意象塑造成功之後，還須琢鍊精確的語言，才能作妥切的表達。義山在語言琢鍊方面的特色，分述於下：

1.穠麗

義山愛用穠麗的語言以鑄造美妙的詩境，此已於豔情詩的寫作藝術中討論過。由語言琢鍊的技巧看來，義山善於選質（如桂堂、翠釵）、選色（如金翡翠）、選味（如：香羅）、並善於修美（如：畫樓），以描寫優美形象和鮮明感覺的語言浮現意象、鑄造詩境。

義山辭彩的穠麗，並非徒飾門面，他一方面是塑造意象的工具，如前所言的感官意象塑造之時，都要看得清楚或嗅得舒適，所用的語言在形象、氣味、色澤方面都要經過仔細的選擇，穠麗的辭彩才能達到這個要求。另一方面，他往往與冰涼感的語言錯綜而用，以模寫心境的複雜矛盾，而形成詩歌的淒美風格。義山辭彩的穠麗與內含有密切的關聯性。

2.隱晦

義山又善用隱晦的語言，以造成詩境的朦朧含蓄，此亦曾於豔情詩中論及。而他的一部分政治詩，也愛用隱晦的語言寫作，孫甄陶先生已有詳細的說明。（註一四）

分析一下義山語言的隱晦性，通常是透過兩種技巧達成的：

一是採用有障隔的、距離遠的、朦朧的、較暗的字詞。如一片非「烟」「隔」九枝（一片）、劉郎已恨蓬山「遠」，更「隔」蓬山「一萬重」（無題）、一春「夢」「雨」常飄瓦（重過聖女祠）、夜來「煙」「雨」滿池塘（寄懷韋蟾）、含情春「晼」「晚」，暫見「夜」闌干（無題），莊生曉「夢」「迷」蝴蝶（錦瑟）、重「幃」「深」下莫愁堂（無題）……以上文句中引號內的字或詞（如「夢」「雨」亦可作詞看）都屬上述的性質。

二是採用「與幻想、超自然有關的字」（註一五）：這些字大多與女神或仙界有關，如「上青」淪謫得歸遲（重過聖女祠）、不逢「蕭史」休回首，莫見「洪崖」又拍肩（碧城三首之二）、「五里」無因「霧」（鏡檻）、消息期「青雀」，逢迎異「紫姑」……這些神仙或仙界事物，離開人世遙遠，虛無飄渺，自然容易形成隱晦的作用。

由義山詩的分類觀察及前述孫甄陶先生的研究結果，我們得知義山詩的隱晦與其內容有密切的關聯。一律說義山詩晦澀是不正確的。但是，義山隱晦的詩篇如豔情詩中的無題、及若干喻寫女冠的神仙詩，部分自我的感遇之作，都是劉勰所謂：「義主文外，秘響傍通，伏采潛發……使翫之者無窮，味之者不厭」（註一六）的好作品。屬於「隱秀」中「隱」的美，其中藝術的成就很高，隱晦遂成了義山重要風格之一。

3.細密

義山又具有細密的辭采，對於感情與事物描寫入微，顯出了語言運用的精緻之美。這一點，我們已於豔情詩中義山的豔情世界及詠物詩中的取材部分探討過。

由語言上說，義山善用「細」、「小」這類性質的語詞，如：裙衩芙蓉「小」，釵茸翡翠「輕」（無題）、娉婷「小」苑中（垂柳）、只應不憚牽牛妒，聊用「支機石」贈君（海客）、颯颯東南「細」雨來（無題）、天泉水暖龍吟「細」（一片）、掇「少」風多力（杏花）、武昌若有山頭石，爲拂蒼苔檢「淚痕」（妓席暗記送同年獨孤雲之武昌）、窗下尋書「細」（所居）、竟日「小」桃園（小桃園）……諸如此類，不勝枚舉。義山寫小事物、細密心思的數量和出現的頻率，要遠遠超過寫壯大的事物和雄偉的心思。

由語詞的「細」、「小」和結構的緊密相結合，遂造成細密的語言特色，是構成義山秀美（而非壯美）風格的基礎。而義山辭采的細密與其心思的細密是一致的，這點我們也曾在詠物詩中探討義山的心靈世界中說過。所以，細密的辭采正是表達義山心境，而構成義山藝術風格的重要因素。

4. 冰涼感

在意象的塑造上，我們曾說到義山感官意象的營造是非常成功的。義山表達感官意象的語言，和其感官意象一般多彩多姿。但由於義山一生的情感，不管是自傷身世或愛情的挫折，涼冷的感覺比溫暖感要大得多。因此，所用的語言，也常是含著冰涼感的。這一點，我們曾於豔情詩中探討過，而在他的傷時與自傷中亦充滿這種性質的語言，形成了義山的一個特色。

傷時或自傷的詩中，諸如：休問梁園舊賓客，茂陵「秋雨」病相如（寄令孤郎中）、莫恃金湯忽太平，草間「霜露」古今情（覽古）、黃陵別後春濤隔，湓浦書來秋雨翻（哭劉蕡）、思子台邊「風」自急，玉孃湖上「月」應沉（出關宿盤豆館對叢蘆有感）、幾家緣錦字，含「淚」坐鴛機（即日）、曾共山翁把酒時，「霜天」「白菊」繞階墀（九日）……都以冰涼感的語言喻寫傷痛。

描寫愛情挫折的詩篇，也往往運用冰涼的物，如玉、霜、雪、水晶；冷色，如白、綠；涼冷的月與夜，以醞釀氣氛，達到寫作的要求，此於豔情詩的寫作藝術中已有頗詳細的敍說，此處不再重複。

義山常用冰涼感的語言以寫心境，這種語言自然的會造成淒傷、寂寞、感歎的氣氛，運用旣廣，渲染自多，淒涼低沉遂成了義山詩的基調。

5.典故與神話

義山詩中經常運用典故，其中尤常用仙典，典故與神話的運用，幾乎成了義山的癖好。我們曾於豔情及詠物詩中討論過義山的用典。

沈秋雄先生曾對義山的用典有過專題研究，根據他的研究成果，義山用典有三個特色：

一是多使仙典，其目的不像是一般以神話故事補償人世的缺憾，而是用作比興，尤其是用在描寫感情生活和政治生涯上。借神話以寄託心事或自明心迹。

二是反用故事，根據典故「反其意而用之」，以推陳出新。

三是虛作襯筆，藉典故虛作襯筆，故作渲染，而使詩意增厚。（註一六）

由沈先生的分析，我們可以看出義山用典，能產生兩種作用：一是使詩境更豐富，增加其內涵，一個典故等於一個世界，詩中賦含著典故，等於增加了許多世界，內容因而更加豐富。二是使詩境更靈動，增加其藝術性，沈先生所列三點，都含有寫作的藝術在內，比興可以曲折的表現感情，反用故事足以產生新意，虛作襯筆則可增加詩意。用典到了上述的水準，則對詩歌而言，非但沒有「獺祭」的負荷，而且有助於文字的表達，以臻於更高的藝術境界。討論應不應用典，或用典的多寡，恐怕要由典故對詩歌內容和形式的貢獻為標準，掌握住這標準後，古人對義山用典正負方面的批評，我們才能有所判斷，有所抉擇。

6. 比興與象徵

義山在詩中，又善用比興和象徵的修辭法。我們已於豔情詩的寫作藝術中論及他「以比興與象徵造成詩境的曲折靈妙」，又曾於詠物詩的寫作藝術中說他「運用比興，經營物之氣氛及精神」。

義山運用比興和象徵，其特色是既廣且「妙」。說到廣，是義山在各類詩中，都有使用的習慣，連詠物詩亦然。唐人詠物以用賦法居多，義山則以比興巧妙的在物中寄寓著人情。說到「妙」，是比興與象徵加上前述的用典，這些較間接的手法，透過渲染、烘托，所產生的氣氛、情調，「剛好適於李商隱多數詩篇中所展現的繁複、無從捉摸與曖昧不明的境界。」（註一八）所以，這種手法決定了展現詩境的成敗。如果，將用典、比興、象徵在義山的詩中抽掉，則其寫作藝術即失其靈巧，詩歌的價值也將因此降低，這些修辭法對義山的重要性自不容置疑。

三、境界的呈現

透過意象的塑造、語言的琢鍊之後，義山詩中呈現的主要境界有二，一是含蓄朦朧的詩境，二是睿智善感的詩境。分別論述如下：

1.含蓄朦朧的詩境

這種詩境我們在義山的部分時事詩、及感遇詩、豔情詩中最為常見。由於這些詩的內含，作者不欲太過歛露，所採用的語言即帶有隱晦的性質，因此構成了含蓄朦朧的詩境。

義山含蓄性詩境的特徵，是以穠麗的、富感覺性（尤其是冰涼感）的辭采為表，含吐不露、纖細精緻的詩思為裏，構成詩旨朦朧，但却感覺鮮明的幽深而美妙的詩境。無題詩中的名篇，如相見時難別亦難、颯颯東南細雨來、重幃深下莫愁堂……都是具有這種詩境的典型之作。

由於這種特徵，我們對這種詩境的欣賞，往往是捨棄或略過知解的工夫，而專注於感覺。透過作者感官意象的鮮明生動、意象強化的驚奇傳神、意象綰合的巧妙詭異、意象併發的神奇強烈，再經由作者隱晦細密的語言、比興與象徵的渲染烘托、典故與神話的賦含與靈妙。含蓄性的詩境，外表含蓄美妙，而內在的張力却是無窮無盡，隨時可以迸發而出。這正是此種詩境使我們長吟遠慕、不能自已的原因。

2.睿智善感的詩境

在義山的詩中，我們除了品味他一往情深的境界之外也可以體察到他清明深刻的智慧。方瑜先生即說義山是「具覺醒意識的知性詩人」（註一八），此言實爲義山之知音。

我們於詠史詩中，特別立「義山的歷史智慧」一節，以闡述義山對歷史的看法。詠物詩中，我們也曾就義山對人情的深刻體會方面提出說明。而於豔情詩中，亦曾對義山的旣沈淪又覺醒的感情世界有所敍述。其中，都呈現著義山富於思想性的詩思，閃耀著義山知性的光輝。

但是，義山詩中善於議論，並不純由議論表達，否則即成玄言或史論型的文字了。在詩思的構成中，義山都是化「論」於「感」，深刻的議論轉移爲深沈的感觸。其次，義山將議論具象化，以鮮明的圖畫代替抽象的思考。於是議論與感觸渾融，又以具象化的方式表達出來，冶知性、感性於一爐，而鎔鑄出獨特的風格、超俗的神韻。義山這種詩境，建立了自己的特色。

因爲義山經過化「論」於「感」的醞釀工夫，詩歌在意象塑造和語言琢鍊上的工夫，都可運用在這個詩境裏。在作者高水準的詩歌藝術營造出來的睿知善感的境界，讀者欣賞它時，能得到知性與感性二方面的滿足，而且神韻悠然、意味深遠，在唐詩中是不可多得的。

四、小結——沈博絕麗下的省思

朱鶴齡說義山的詩「沈博絕麗」（註一九），對其藝術風格說得最周備，吳調公先生解釋這句話云：

「沈」是構思的「包蘊密致」，博是「博喻釀采，煒燁枝派」。總的說來，是麗密。（註二〇）透過吳先生的解釋，可以看出，義山詩最大的特色是構思的深刻細密和辭采的繁縟。構思的深刻細密是意象塑造的成果，辭彩的繁縟是語言琢鍊的成果，這兩方面的成果締造了義山麗密的風格，義山的藝術成果，受到了朱鶴齡的肯定。這可以代表歷來讀者對義山詩的整體評價。其餘對義山的批評，有的是由不同角度產生的意見，有的只是說到義山局部的小缺失，都不能動搖「沈博絕麗」的整體評價。

整體看來，義山詩的美屬於陰柔婉約的秀美，但是在秀美中寓含著雄奇。義山在結構意象時，多偏於柔美，譬如月意象即是一例。根據陳器文先生的研究，義山是將「一場生命的悲劇，完整而又隱忍的，投影在義山詩的月意象之中」（註二一），月意象正是義山生命的象徵，月是柔美的，不如日的壯美，而義山詩中的月意象使用的次數，遠遠超過日意象，由此可以看出義山情感屬婉約一型。而在語言琢鍊之時，義山又愛用隱晦含蓄的詞語、飄渺彷彿的比況，連語言都是柔美的。生命、意象、語言具備了一貫的柔美風格。但是，義山的秀美却寓含著雄奇，義山生命的風骨，如對理想人物的景仰追思、對理想事業的執著追求沃灌在其作品之中，自然的呈現了風格的雄奇，使義山美而有骨，柔中帶剛。然而，雄奇在義山的風格中，常常只是暗流，是寓含在秀美中的，儘管它十分可貴，却要仔細尋繹才能發覺。

由於義山詩的表現手法較爲特殊，隱晦含蓄的語言、比興象徵的筆法，使我們難「解」而易「感」。對義山很多的詩，我們只能由直覺去欣賞，不易從知解去分析。正由於心力的專注，讀者審美的效果更為顯著。我們不知道義山在作詩時，是否有意將讀者引向運用直覺、切斷知解的審美方向？但他的詩却有這種傾向。這一點，應該是義山在詩歌藝術上迥異於其他詩人，而又卓然有成之處，值得特別強調。

至於義山的修辭技巧，是構成「絕麗」的主要因素，義山即以其生花妙筆登上詩藝的高峯。前面說過：義山的詩藝已受肯定，則其辭采自應受到肯定。誠然，義山的辭采也曾受過貶詞，諸如文字太濃豔、用語太隱晦、用典太多、過於比興而乏賦筆等，這自然是義山的毛病，本文也已部分討論過。但是，若由文質觀念看來，義山的辭采與其內容是相應的，義山詩中極少發現有文無質的作品，換句話說：義山的辭采，是將內容作精美表達的必要成分，並非浮華的裝飾。再由整體的藝術風格說，穠麗，隱晦、比興、象徵都是義山構成詩境的重要成分，不如此，義山即失掉自己的風格特色。也許從不同的角度，會有不同的評價，但就締造整體風格說，在寫作之時，自應有大取而有小捨，如此才能越小疵而造大醇。

第二節　思想內容的探討

義山詩的思想內容，在詠史詩的「歷史智慧」、豔情詩的「豔情世界」、詠物詩中透出的「心靈世界」已可觀其梗概。現在我們要探討的，是這些思想內容顯現的特色，這是本文一貫把握的原則。

茲分三點加以論述：

一、諷諭的深意

在探討義山的心靈世界時，我們曾說義山有「耿耿入世的忠義情懷」。這種情懷之下，寫出來的政治詩，不論是時事詩和詠史詩，都充滿著對蒼生的關愛，對理想人物的景仰、對良政美事的歌頌。但是，在國勢衰微、王綱不振的晚唐，許多事都讓義山失望和焦慮。義山位卑人輕，無法作實際的改革。他只有學習遠古詩人（如詩經的若干作者）、唐人杜甫、白居易、元稹的「以詩鳴」，或就今事以諷，或託古事以諷，將心中的不幸、理想、期望完全在詩篇中表現出來，對朝廷和社會提出忠告。朱鶴齡說：

義山之詩乃風人之緒音、屈宋之遺響，蓋得子美之深而變出之者也。（註二二）

即就義山諷諭的意旨而立論。這即是古人立言以不朽的精神，是讀書人循著可行的管道以貢獻自己心意的作法。

雖然如行次西郊作一百韻之類的作品數量不多，但是關愛蒼生、盼望良政的情懷却極爲可貴。把握到這點之後，義山稍存躁進的功名情結即可得到相應的了解，而認爲義山只是「浪子」（註二三）的偏見也應自然消釋。

二、自我關懷的側重

義山的感情極其深刻，對蒼生苦痛的悲憫、自傷不遇的悲哀、愛情無常的憾恨，寫來都令讀者感動。

但是，如果由詩人關心社會與自我關懷兩個角度來比較的話，義山顯然是偏重後者。義山以自傷及愛情爲題材的詩篇，不但質精，而且量多。所以，讀義山的詩，會有「大部分寫詩人自己」的感覺，換句話說，詩人的感情深度雖然很足，其感情的幅度顯有不足。這方面會受到人們的批評，自爲意料中事，尤其義山有心學杜甫，他吸收了杜甫許多藝術上的成就，尤其是七律。却未能學得杜甫永遠關懷蒼生、放眼天下的偉大情懷，總是一個缺憾。

然而，若從另一角度來看，義山也不是只寫自己。他透過自己的許多感受和想像，頗能寫出世間心靈的共相：事業不如意、愛情多挫折，這種境界大部分人都具有，而義山體會得極深切、想像得極豐富，似乎把世間許多人心中的感觸都統攝在一己的心境之中。所以，讀者對他的詩才會有如同身受的感痛，義山寫出了世間傷心人的懷抱。這雖然只是間接的關懷，却值得我們注意。

三、主觀思維的光輝

由義山的歷史智慧、愛情世界、人生境界之中，我們發現義山是很能思考與體會的詩人，充滿了知性的光輝。他的思維特色，是富於主觀性。

從歷史的智慧中，他提出「莫恃金湯忽太平」、「成由勤儉破由奢」兩個歷史解釋，對朝代的興亡盛衰的原理頗能把握。但是，他受到時代及身世的影響，殘缺抑鬱的心境下，他思考的大多是歷史的警戒性，而很少觸及指導性；對理想人物注意得少，於失意的才士及文人注意得多。爲了懲戒帝王的罪惡，他對有些君王（如：漢武帝）的評價並未觀照全面。甚至對同一人物（如：楊貴妃），置於歷史的警戒和愛情的領域裏，也有不同的感情，不同的評價。這些，都可看出義山思維的主觀性。雖在主觀的思維裏，帝王亡國的警懼、荒淫生活的悲慘結局、才士與文人的委屈辛酸、史上人物愛情的悲歡離合……都讓我們感動，義山究竟抓住了歷史上的若干眞實、看出了歷史的精神、觸到了歷史留給人群的教訓。

從義山的愛情世界看來，義山心目中理想的愛情，是世間少有的；他覺得現實世界的愛情終必灰滅，愛情與無常是如形影相隨的，在現實世界恐怕也未必如此。義山對愛情理念的沈淪及愛情現實的澈悟，是兩個極端，世間的愛情不會這樣極端。因此，義山對愛情的思維是主觀的。但是，義山愛情詩展現的境界，如愛情的理想、生死執著、細緻深刻乃至變幻無常、憾恨涼冷……其繁複多彩，實令人大開眼界，它具有愛情的典型性，是一個值得追求、值得感慨的愛情世界。

至於義山對人生的看法，受到實際遭遇的影響尤大，因此，他的人生境界充滿了殘缺與傷感，消極低沈的氣氛很重。他的「才命兩相妨」的看法，「中道因循」的態度，顯然其來有自，但是悲劇性格的限制，也是重要的原因。「生於憂患」、突破環境的恢宏氣象，在義山的詩中很少呈現。他的人生觀，帶有濃厚的主觀性。然而，義山自傷的詩還是十分吸引人。世間如意之事畢竟有限，苟非意志力極強的人，消極與傷感有時是難免的。義山只要觸及一個人一生或一段的感遇，他都可以得到共鳴。

四、小結——內觀自省的心態，癡情絕倫的詩人

要爲義山詩深刻繁複的思想內容作一概括，委實不易，細細尋繹其特色，我們拈出兩句話以爲代表：內觀自省的心態，癡情絕倫的詩人。

說義山「內觀自省」，意思是義山的詩思大多是個人的、表達一己心靈世界的、自我的色彩極爲濃厚。因此他側重自我關懷，閃現的也是主觀思維的光輝。義山並非不注意身外事物，譬如社會、歷史和景物；而是他很少讓它們獨立或客觀的存在，他都將它們化入自我之中，外物也成了心中物，而供其運用驅遣。在義山詩中，外物很容易失掉自己的精神特質，而爲義山心靈世界所包含或轉化。

說義山「癡情絕倫」，意思是義山開闢了一個獨特、高層次的愛情境界，這是其他詩人，包含杜甫、李白等偉大詩人所缺乏或不及的。義山對愛情所持的理想、態度、價值觀及澈悟感，其完整性、超越性，實足以邁越古人、流傳後世而臻於不朽。這是義山詩思想內容中最突出的成分。以「癡情絕倫」來形容義山的人和詩，應是最爲妥切的。

【附註】

註一　黃永武，中國詩學設計篇，（巨流圖書公司，民國六十七年一版四印），頁三。

註二　用柯羅齊語，見柯羅齊著、傅東華譯，美學原論，（商務印書館，民國七十一年十二月台八版），頁二二八。

註三　參陳世驤著「中國的抒情傳統」，見陳世驤文存，（志文出版社，民國六十一年初版），頁三一～三七。

註四　見黃永武，中國詩學鑑賞篇，（巨流圖書公司，民國六十八年一版四印），頁七七～九三。

註五　見蔡英俊，比興物色與情景交融，（大安出版社，民國七十五年五月初版），第一章：情景交融理論探源。

註六　同註一，頁六～七。

註七　施補華，峴傭說詩，見臺靜農編，百種詩話類編，（藝文印書館，民國六十三年五月初版），（上），頁二六〇。

註八　同註一，頁二二～二九。

註九　劉若愚，李商隱詩評析，清華學報新七卷第二期（民國五十八年八月），頁一二五。

註一〇　徐復觀，環繞李義山「錦瑟」詩的諸問題，李商隱詩研究論文集，（中山大學中文學會主編，天工書局，民國七十三年九月初版），頁七九三。

註一一　柯慶明，李義山「錦瑟」試剖，李商隱詩研究論文集（同註一〇），頁八〇五。

註一二　張淑香，李義山詩析論，（藝文印書館，民國六十三年三月初版），頁一二～一六。

註一三　朱光潛，詩論，（正中書局，民國五十九年四月台三版），頁九五。

註一四　孫甄陶，李商隱詩探微，新亞學報，四卷二期，（民國四十八年），頁一九〇～二一五。

註一五　劉若愚著，方瑜譯，李商隱詩的用語，幼獅月刊三八卷一期，頁五。

註一六　見文心雕龍隱秀篇。

註一七　沈秋雄，試論李義山詩的用典，中華文化復興月刊一〇卷四期，（民國六十六年七月），頁三四～四〇。

註一八　方瑜，李商隱七律艷體的結構和感覺性，中晚唐三家詩析論，（牧童出版社，民國六十四年一月初版），頁八〇。

註一九　朱鶴齡，箋註李義山詩集序，李義山詩集，（學生書局，民國五十六年五月初版），頁一。

註二〇　吳調公，李商隱研究，（西元一九八二年二月第一版），頁一二五。

註二一　陳器文，自月意象的嬗變論義山詩的月世界，中外文學五卷二期，（民國六十五年七月），頁一一五。

註二二　同註一九，頁一一。

註二三　王世貞，藝苑卮言，見臺靜農，百種詩話類編，（藝文印書館，民國六十三年五月初版），頁二五五。

附錄一

李義山無題詩研究

黃盛雄

前言

李義山（商隱）的詩，頓挫曲折，有許多旨意朦朧之作，但聲色俱美，情味渾厚，很能獲得讀者的觀賞。其中，以無題詩最具特色。

讀義山詩的人，都會注意到無題詩。其原因，一是義山的無題詩數量很多，可見作者有意去創作這種詩；二是這種詩最不易了解，題名「無題」，已帶有濃厚的迷濛性；三是這種詩最有鮮明的感覺，讀後總會深深觸動我們的內心，使我們印象深刻；四是這種詩非常美，藝術手法很高，美辭雋語所塑造的絕麗詩境，實有無窮滋味。因此，無題詩是李義山的代表作品。

由於無題詩受到重視，研究的人自然較多，但就其成果來看，還未達究極，未成定論。前人的研究，如朱鶴齡、馮浩、張爾田的註解，著重在探討內容及作意，其中以馮浩的說法最具特色，認爲許多無題詩是爲令狐綯而作的，張爾田繼承這種說法並加發揮。皆由於附會太過，頗受批評。（註一）

然而朱、馮、張諸人在史事考徵，文獻探索方面的成就，却給現代學者奠定了良好的基礎。於此立足點上，謹愼的就詩論詩，苟無較具體明確的線索或證據，不肯隨便指出其寄寓，將大部分的精神用在研究義山詩的藝術層面，由意象、時間和律度、用語、美感經驗、境界…各方面去探討，而各有所得，這是現代學者研究義山詩的一大突破。（註二）這些研究方法對於無題詩理應有其運用價值，只是，今人的研究專著並不多見，無題詩的探索尚有待發展。

探索無題詩，對於前人之成果及今人之方法，自當妥予運用；然而，之於前人及今人著意不多之處，亦不可略過。筆者發現對無題詩的分類細察相當重要，由於分類，可以看出它的內容及形式的不同層面，透過對各層面的了解，對於統合並觀大有幫助。因此，本文試依此種方法入手，希望對無題詩有進一步的認識。

壹、「無題」之意義

唐人詩篇，習慣上皆有命題，以使人明白其旨意。所命之題，類皆明確而具體。而「無題」之詩，却是例外的命題法，此題不明確不具體且具有作者李義山濃厚的個人色彩，林宏作先生云：「李商隱之前沒有無題詩，李商隱之後，也沒有一位詩人有如此多的無題詩，總而言之，李商隱是首創無題詩的鼻祖，又是傾注心力於創作無題詩的詩人，當是無可置疑的事實。」（註三）「無題」不是失題或零題，它本身也是「題」，是由李義山創造的。因此，我們就須由義山的種種背景，透過多個角度來探究此「題」。

一、由作者身世說

義山一生，因對政治的不平，而有大感觸；因事業的坎坷，感情生活的複雜，亦有大感觸。可說他對生活的環境，個人的身世，均有濃厚而複雜的感受，這些感受自然都是良好的詩材。

義山的一生，據張爾田的考證，是生於唐憲宗元和七年（西元八一二），卒於宣宗大中十二年（西元八五八）四十七歲。（註四）時値晚唐，朝廷大權旁落，宦官、朋黨、藩鎭掌握了實權，尤其是宦官擅權，竟至弑敬宗、族滅文宗之大臣，逼死其所愛楊妃，政治之缺乏倫理與秩序，實令義山深有感觸。方瑜先生即云：「李商隱從早期作品開始，就對政治與社會有強烈的關心」（註五），高越夫先生更推崇義山是「愛國詩人」（註六），國事的頹唐，對義山來說，自有極大的衝擊。

於個人事業而言，義山相當不如意。因爲無名門大族爲背景，在唐朝重視門第的社會中顯得孤立無援；又因投身令狐楚門下，而結親於王茂元，令狐爲牛黨、王爲李黨，結親之舉使令狐綯覺得遺憾，提拔義山自不肯盡力。因此，考進士多次不第，中進士後只當過短短的秘書省校書郎和弘農尉，大部分的時間都居人幕下，俯仰異趣。心情是很凝重的。

於個人感情生活而言，義山娶王茂元女，美而賢，當是人生至樂。但不幸早世，義山之悲痛溢於言辭，其詩集中即有動人的悼亡作品。妻子之外，義山於其他女性，似亦有複雜的感情，蘇雪林先生謂義山與女道士宋華陽，宮嬪飛鸞、輕鳳有纏綿而秘密的愛情。（註七）鄭緒平先生又謂義山「衷心悅慕者，爲其待字閨中之小姨也。」（註八）湯翼海先生則謂義山「確曾娶妾，有子女各一」（註九）這些說法，或由於沒有直接證據，或只是出於推測，但是都可在義山詩中找到若干線索，與女道士交往之跡尤爲鮮明，義山詩「月夜重寄宋華陽姊妹」即是好線索。而義山詩中，不但艷情詩特多，遠超過寄寓的應有分量；而且，許多詩直抒艷情，旖旎纏綿，動人心魄，並不似屈原等作品有美人芳草以比君子的線索可尋，故應視爲純粹之艷情詩。由上述看來，義山的感情生活是複雜的，這當然是極好的詩材。

至義山之性格而言，誠如繆鉞先生所論：「李義山蓋靈心善感，一往情深，而不能自遣者。」（註一〇）以一往情深的性格，面對不堪聞問的國事、迭遭挫折的事業、繁複隱微的感情。自是感受多端，難以用單純的意旨去表達。湯翼海先生云：「其一生遭遇辛酸淒涼之事，何可勝數？偶有感觸，輒萬緒交集，洶湧而出……故一詩之成，非純然代表一單純之心情，實含萬種心情也。此等詩材，題曰無題，不亦宜乎？」（註一一），葉嘉瑩先生云：「他有些悲哀痛苦不是能用一個具體的題目來敍寫的，這一點也可以說是對人生綜合性的體認以後的痛苦和感覺，不是針對某人某事而發，不能以一個題目限定它，所以是無題。」（註一二）湯、葉二氏的說法，都是深入有得的。而從現實環境說，義山在政治、事業、感情方面，自然牽涉到許多是非利害，義山難以訴說，於是利用隱約曲折的筆法以出之，以無題名篇，如同葉嘉瑩先生所云：「還有一個原因使他寫無題詩，是因爲所寫的感情或是爲某人某事而發，但不能明白說出來。」（註一三）

二、由晚唐詩風說

詩至晚唐，產生了唯美的風氣。劉大杰先生云：「晚唐的詩歌，復活了梁陳的宮體色情，更加以冷豔化，採取了孟韓的技巧主義，更加以細密化，披上唯美主義者的香豔衣裳，塗滿了象徵神秘的情調……領導這一個新文學運動而得著最好的成績的，是開始於李賀，而完成於李商隱。」（註一四）劉氏未窺晚唐詩作之全豹，因此，他只說到晚唐詩寫的是宮體色情（即如李義山而言，他的政治、詠史、詠物之詩，分量並不在言情詩之下），這自是劉氏的侷限。但是，他所謂晚唐之詩，充滿「象徵神秘的情調」，及代表詩人是始於李賀而完成於李商隱，卻是深有見地的看法。我們所當注意的，便是這個看法，它與我們討論的主題——李義山的無題詩有關。

李賀作詩，喜用象徵之法，繆鉞先生云：「李賀詩出於楚騷，想像豐富，喜用象徵，造境瑰奇，摛采豔發。」而義山才情與李賀相近，故學其詩法，運用於律詩，繆鉞先生云：「其（按：指義山）移用李賀古詩中象徵之法作律詩，變奇詭為淒美，為律詩開闢一新境界，樹立一新風格，乃義山自已之創造，自已之成就。」（註一五）

至於什麼是象徵呢？徐復觀先生云：「通過感情的移入而使某一事物、情景，成為自已感情的象徵……某一事物、情景，即離開其具體明確的性質，上昇為意味地、氣氛地、情調地存在；以與詩人所要表達的感情，於微茫蕩漾中，成為主客一體。」（註一六）

運用象徵的過程，是化具體為抽象，由具體的事物、情景中，間接的表達作者的感情，而所表達的效果常是朦朧而神秘的。譬如：義山的「一春夢雨常飄瓦，盡日靈風不滿旗。」（重過聖女祠）由句中的「春」、「夢雨」、「靈風」、「不滿旗」我們得知作者提供的線索，兩句詩的用意不在寫景，必是象徵某種感情或意味，「滄海月明珠有淚，藍田日暖玉生煙。」（錦瑟）的名句，也是如此。這些詩，我們知道他一定象徵著什麼，但眞正的內涵却不可索解，正如上所言，他的表達方法是間接的，效果是朦朧而神秘的。

透過象徵的探討之後，我們再看看義山無題詩，會發現其意趣相同：明明該有題的（否則，怎能成詩？），義山命以「無題」，是要人由渾融淵深的「無」中，尋出包羅無盡的「有」，以見「無」的廣大深刻，這是化直接的觀察爲間接的體悟。「有」是具體的、純一的，每一事物、情景，直接描述出來，都是易於把握的。義山無題詩，不管是複雜心境之表現、或者因現實利害不能明白說出，他化「有」爲「無」，即化具體爲抽象。故在無題詩中，我們已不易指出：此爲何種事物、情景，或彼爲何種事物、情景。等到事物、情景抽象化之後，原本的形體、現象已消失，而成爲氣氛、情調，故由清晰轉爲朦朧，因此，無題詩滋味彌厚，但不易了解，它自然的帶有神秘性。

由李義山的愛用象徵法作詩，而無題詩與象徵的意趣又相同，我們說無題詩的命題受到晚唐唯美詩人李賀的極大影響，應是可以成立的。

三、由道家思想說

唐朝時道教盛行，不但皇帝信仰，士大夫尊崇，且出家爲道士之風亦盛。

義山沈浸在道教風氣中，又與一些道士爲友，對於修道求仙之事有相當認識，亦頗有興趣。因此，他常用道仙的典故，如青女、素娥、麻姑、蕭史、青鳥、兎、蟾、蓬山、閬苑、瑤池、滄海、桑田等，讀者可感覺義山詩中「好用仙典」。（註一七）由他的詩，如「鄭州獻從叔舍人褎」、「戊辰會靜中出貽同志二十韻」，可見其對道仙知識的廣度與深度，「贈華陽宋眞人兼寄清都劉先生」則是他與道士來往唱酬的詩。由義山詩中的用詞用典的衆多與深切，與道士來往的殷勤，可見道仙思想在義山一生中佔有相當分量。

道仙思想乃依附於道家之上，老子在學術上是思想家，爲道家的宗師。在宗教上却又是道教的宗師。因此，義山詩中，有些詩句常由老莊脫化而出，或直接引申老莊。如「不知腐鼠成滋味，猜意鵷雛竟未休。」（安定城樓），「眞人塞其內，夫子入於機。」（崔處士），「大道諒無外，會越自登眞。」（戊辰會靜中出貽同志二十韻），「枕寒莊蝶去，窗冷胤螢銷。」（秋日晩思），「莊生曉夢迷蝴蝶，望帝春心托杜鵑。」（錦瑟）（註一八），分析義山有關之詩，實包含道家與道教兩方面的題材。

更値得注意的，是義山自謂「我本玄元冑」（戊辰會靜中出貽同志二十韻），唐高宗曾追號老子爲太上玄元皇帝，由此可知義山自稱爲老子之後嗣。

義山詩中既多用道家與道教之典，又自稱老子之後，「無題」的「無」受到老子書中「無」字的極大啓示，應爲合理之事。因爲兩個「無」字的含義幾爲一致。

老子曰：「無，名天地之始；有，名萬物之母……故常無欲以觀其妙，常有欲以觀其徼。」（註一九）又曰：「天下萬物生於有，有生於無。」（註二〇）由兩句話看來，「無」並不是「零」，天下萬物，因爲具體可見，所以是「有」，但是當萬物於未具現之時，渾沌朦朧，不見其迹，所以是「無」。然而，這個「無」却是包羅萬有，含蘊豐富的，韋政通先生曰：「『有』能生萬物，『有』又生於『無』，所以『無』就是無限『有』。」（註二一）而義山無題詩，如前所述，它是複雜心境的呈露，由於詩旨繁博，難以一題名之，於是命以無題，其實「無」中含有無限的「有」，它比一般詩題所包含的內容更爲豐富。這個「無」，正如徐復觀先生所詮釋老子書中的「無」字：「由有形而推及無形，由形下而推及形上。」（註二二）其情狀相同。因此，推測義山「無題」之「無」乃由老子之書所啓源，應爲不誤。

貳、無題詩之分類

馬浩、張爾田等用力於義山詩甚勤，但是他們爲無題所作的解釋，今人每不能同意，其關鍵在於太刻意去推求無題詩的寄寓，在不足的線索，不一定正確的方向的導引下，對詩作不夠謹嚴的引申，而失去詩的本來面目。近代人讀詩，則很注意詩的本來面目，就詩論詩，不跑野馬，這應是研究詩──尤其像無題一類，含意不十分明確的詩的良法。

本文即依此法，謹愼的以詩面文字所表達的內容爲討論的依據。進而將無題詩加以分類，透過較爲細密的觀察，無題詩中，作者在描寫不同的感情時，不但有方向的區別、也有層次的區別。而作者運用的藝術技巧，也因不同內容的激盪而有不同的表現。經過分類的方法，更可看出每首詩較爲眞確的含意，何類詩當下即足，何類詩存有寄託，較易把握。同時，亦可看出內容與形式本爲一體，是互爲影響的，讀者當並而觀之，不可偏廢。

將無題詩加以分類觀察，以求更明確之認識，並不始於今日。紀昀已啓此意，紀氏曰：「無題諸詩，有確有寄託者，來是空言去絕踪之類是也。有戲爲豔體者，近知名阿侯之類是也。有實有本事者，如昨夜星辰昨夜風之類是也。有失去本題而後人題曰無題者，如萬里風波一葉舟之類是也。有與無題相連，失去本題語（按：當作誤）合爲一者如此幽人不倦賞是也。」（註二三）四庫全書總目提要所載與此稍異，意旨則同。（註二四）其中如將隱晦曲折的「來是空言去絕蹤」及明白曉暢的「昨夜星辰昨夜風」畫分兩類，及將「萬里風波一葉舟」、「幽人不倦賞」定爲失去本題，都是很富啓示性的。但是紀氏沒有說出分類的依據及每類的特色，且所分各類也不夠精確。更精確之分類，有待後人致力。

朱鶴齡「李義山詩集箋注」，列無題「白道縈廻入暮霞」、「近知名阿侯」、「昨夜星辰昨夜風」、「聞道閶門萼綠華」、「來是空言去絕蹤」、「颯颯東南細雨來」、「含情春晼晚」、「何處哀箏隨急管」、「照梁初有情」、「八歲偷照鏡」、「幽人不倦賞」、「紫府仙人號寶燈」、「相見時難別亦難」、「鳳尾香羅薄幾重」、「重幃深下莫愁堂」、「萬里風波一葉舟」凡十六首。馮浩「玉谿生詩集箋注」，將「長眉畫了繡簾開」、「壽陽公主嫁時粧」亦列爲無題，而將「幽人不倦賞」由無題中晝開，名曰失題，凡列無題十七首。為求盡量包羅，今依馮浩所列，並依朱鶴齡所題，將「幽人不倦賞」亦視為無題，共計無題十八首，由紀昀分類的啓示，再加考察，分為五類，文字以馮本為準。

第一類：包括「來是空言去絕蹤」、「颯颯東南細雨來」、「含情春晼晚」、「相見時難別亦難」、「鳳尾香羅薄幾重」、「重幃深下莫愁堂」凡六首。（註二五）分述於下：

一、這類詩的內容，最平允的詮釋是情詩。而且，作者所抒發的是激烈、深刻而隱密的愛情。「來是空言去絕蹤」寫情人遠隔，相思刻骨，借蓬山已遠隔而情人「更隔蓬山一萬重」，表達出遠隔的廣大空間，因此思情壓力尤大！「颯颯東南細雨來」寫相思雖繫人心腸，但是，情人不見，相思亦無益。「含情春晼晚」寫含情覓情人，但為某種原因所阻，直待至清晨方悵然而歸。「相見時難別亦難」寫與情人相別之痛苦，其痛苦原於對愛情的執著與沈摯，春蠶一聯已將刻骨的愛情寫絕，他作難出其右。「鳳尾香羅薄幾重」寫眼看情人離去的無奈。「重幃深下莫愁堂」似寫愛情斷絕之後，回憶舊歡，百般無奈的情懷。

用情詩的觀點來看這類詩，正是就詩論詩，而且文清字順，情韻豐盈，是直接而自然的解釋。如果用舊日註疏家寄託的觀點來看，則不但線索模糊，必須牽附，而且註釋多扞格，顯得怪異，並會減低詩格與詩味。

二、由使用的字詞來看，作者採用許多衝擊力很強，程度很深的字詞，以表達強烈沈鬱的感情。如「絕」（蹤）、「催」（成）、「羞」、「愧」、「死」、（百花）「殘」、「斷」、「寂寥」、「

空」（言）、「盡」、「弱」、「遠」（別）、「難」（掩）、「夢」、「灰」等都是充滿渲染力，容易使人感動的文字，作者又運用筆沈調緩的技巧，讀之，可意味到深深的感慨，長長的歎息。

三、上列六首詩中，「來是空言去絕蹤」有「月斜樓上五更鐘」描寫夜晚，「含情春晼晚」有「暫見夜闌干」，「相見時難別亦難」有「夜吟應覺月光寒」，「鳳尾香羅薄幾重」有「碧文圓頂夜深縫」，「重幃深下莫愁堂」有「臥後清宵細細長」，都是以夜晚爲題材的，六首中竟有五首如此，大量的以夜爲題材，誠如陳祖文所謂義山是「屬於月夜（而非白晝）心態的詩人」（註二六），夜晚的思念最殷切，情境却顯得迷濛，加上詩中的「重」（幃）、「深」（下）、（難）「掩」、「無」（消息）、「一法」、「難」等隱微曲折的字眼，「更隔蓬山一萬里」的遼闊空間、「清宵細細長」的綿長時間，可以看出詩人所表達的愛情，是強烈而隱微曲折，難以向世人明說的。

四、作者寫這類詩時，常將材料與材料之間的連繫線模糊化，甚至切斷，而使各部分的材料孤懸。如此，可使詩的意旨不明朗，顯得朦朧，故詩中的人、事、地均不易明知，以達到作者不欲明說或繁富表達之目的。（當然，因爲詩旨之朦朧，容易令人產生臆測，無題詩多彩多姿的詮解，也因此而生。）

這類詩中，有某一聯與全詩疏離者，如「蠟照半籠金翡翠，麝熏微度繡芙蓉」（來是空言去絕踪），由文辭上看，金翡翠、繡芙蓉應是女性臥房的華麗陳設。但是，順著文字讀下去，全詩是以男性立場（末聯劉郎一詞尤爲顯著）寫女性之「來」「去」，放此聯置於詩中，與全詩秩序有所衝突。

有某一聯與另一聯疏離者，如「多羞釵上燕，眞愧鏡中鸞」（含情春晼晚）此聯象徵的是什麼？

才能與上聯「樓響將登怯，簾烘欲過難」相應？是一個非常費解的問題。由於「羞」、「愧」二字含有強烈的暗示力，但並未指出方向，遂使本聯感人深刻，然與上聯之連繫却十分朦朧。

又如「賈氏窺簾韓掾少，宓妃留枕魏王才」（颯颯東南細雨來）一聯，似寫情人對自已才貌之欣賞，所用韓壽與曹植的典故，切於意旨而含蘊豐富。但是，「春心莫共花爭發，一寸相思一寸灰」一聯却又寫得消極頹唐，傷心絕望，與上聯無法承接，幾乎是突如其來，顯得令人驚愕。

有句與句間之疏隔，如「來是空言去絕蹤」（按：此爲首句）之主詞不明，而「月斜樓上五更鐘」究指「來時」、「去時」或者作者寫此詩之時，均不易知，故文字相連的兩句，內容上並無直接關連。

又如「神女生涯原是夢，小姑居處本是郎」（重幃深下莫愁堂），由全詩看，「神女生涯」與「小姑居處」分明只描寫一人，但在我國古時社會中，「神女」與「小姑」的形象如何溶爲一體，實煞費斟酌，兩句並列，增加了詩的繁複性。

五、這類詩理解不易，却感覺鮮明。「春蠶到死絲方盡，蠟炬成灰淚始乾」（相見時難別亦難）的寫絕世間痴情，「死」、「灰」的狀態本來不美，它顯現的是淒涼沈寂，但和一往情深的痴心相結合，却締結了絕倫的淒美，愛情的偉大境界令人心靈震撼。在此情形下，愛情的形迹，如：是誰的愛情，什麽模式的愛情，在什麽時間與地點產生的愛情等，都顯得不重要了。其餘詩篇，如「來是空言去絕蹤」的爲遠別悵恨，至以無限的空間（隔蓬山萬重）來作譬喻。「鳳尾香羅薄幾重」寫情人別後的寂寥及盼望情人消息的殷切，「含情春晼晚」的情場失意，由夜半候至清晨悵然歸去。「颯颯東南細雨來」比相思如灰，「重幃深下莫愁堂」進一步肯定相思無益。這些詩篇，寫出了人間最豐富，最廣闊的愛情境界。世間人看了都會感動、嗟嘆，它並非只屬於李義山一人。由這方面說，義山詩中人物、地點、事情之朦朧化，雖阻礙了我們的了解，但却使我們擺脫形迹的羈絆，直尋本心，鮮明的感覺到義山摹繪出的不朽愛情。

第二類：包括「昨夜星辰昨夜風」、「聞道閶門萼綠華」、「長眉畫了繡簾開」、「壽陽公主嫁時粧」、「近知名阿侯」、「白道縈廻入暮霞」凡六首。（註二七）分述如下：

一、這類詩，歸納其內容，應爲紀氏所謂「戲爲豔體」或「屬狎邪者」，屬於情詩，但不同於第一類感情的深刻而執著。作者表達的感情較爲平淺、浮蕩。「昨夜星辰昨夜風」寫情人相逢的樂趣及不能盡興之惆悵。「聞道閶門萼綠華」馮浩以爲「定屬豔情」，此解頗爲持平，但說是「因窺見後房姬妾而作」則恐怕望詩附會，失於淺薄。「壽陽公主嫁時粧」中有「身屬冶遊郎」句，所描述的對象可能爲歡場中婦女，這類婦女常學富貴人家粧扮，因此用壽陽公主的典故加以描繪。以此類推，「長眉畫了繡簾開」有「碧玉」一詞，亦爲富貴人家典故，當爲同類對象。「白道縈廻入暮霞」所描繪之對象有歡場婦女之形象，「杜破陽城十萬家」尤爲鮮明之線索。「近知名阿侯」湯翼海先生謂「此義山物色對象欲納爲妾也」（註二八），所釋尚稱平允。

此六首詩，較合理的推測，是詩人一時遣興或者偶而涉身歡場時所作的詩。因此，用情較淺、較浮，缺乏第一類詩那種刻骨銘心的震撼力。

二、這類詩，意旨清晰，已見於前述。作者雖然題之爲「無題」，但是，只隱人，不隱事。譬如「白道縈廻入暮霞」寫一春遊的歡場婦女的活潑迷人，巧笑傾城，寫得非常生動，簡直呼之欲出，但究竟是誰？作者不欲人知，故名「無題」。

由於詩旨曉然，減低了猜測附會的憑藉，諸家也大都直解，很少講寄託。即以好言寄託的馮浩而言，於「昨夜星辰昨夜風」、「聞道閶門萼綠華」下注曰：「此二篇定屬豔情」，於「長眉畫了繡簾開」、「壽陽公主嫁時粧」下注曰：「語易解而尖薄已甚」，可見也主張依據詩面解釋，不講寄託。於「近知名阿侯」下，不表示意見，惟注「黃金堪作屋，何不作重樓」曰：「似言何不容更作一樓貯之耶？」乃是以金屋藏嬌的典故直解此詩。於「白道縈廻入暮霞」下注曰：「別情也」，也是直解。

可見此類詩立意單純，名爲「無題」的原因只是作者所描寫的人物不欲人知。和第一類的立意繁富，詩境隱微，其意味截然不同。

三、作者運筆輕快，很少迂廻曲折，且材料之間連貫順暢，較少疏離，因此，詩旨容易了解。如「昨夜星辰昨夜風」中，首句寫時，「畫樓西畔桂堂東」寫地，正是作者與情人「身無彩鳳雙飛翼，心有靈犀一點通」之時地，彼此之間，連繫的脈絡甚爲清楚。

「長眉畫了繡簾開」、「壽陽公主嫁時粧」、「白道縈廻入暮霞」、「聞道閶門萼綠華」四首絕句，更是首尾相貫，一氣呵成，絕無呑吐之處。

四、由用字用詞看來，作者大都採用寬舒、喜悅、溫暖的字詞，使這類詩顯得較爲活潑、較有喜氣。

如（春酒）「暖」、（蠟燈）「紅」以觸覺、視覺言均爲舒適喜悅的氣氛，心有靈犀一點「通」，顏容是自共何人「笑」，長眉畫後繡簾爲「開」，伊人相見是「佯羞」照影。「黃金堪作屋，何不作重樓」亦是喜悅之氣氛。讀這些詩，使人感到溫暖、舒適，即或偶有嗟嘆（嗟余聽鼓應官去），也是薄薄地，不帶憂傷。

第三類，惟「照梁初有情」一首。（註二九）分述於後：

一、此詩是無題十八首中，惟一有線索可尋的寄內詩。（註三〇）因爲首聯的「照梁初有情，出水舊知名」用的是何遜「看伏郎新婚詩」：「霧夕蓮出水，霞朝日照梁」的典故，而「裙衩芙蓉小，釵茸翡翠輕」寫妻子美好的裝束，「錦長書鄭重，眉細恨分明」寫妻子綿綿的情意，「莫近彈棋局，中心最不平」由彈棋局隆中夷外，中心不平，雙關人心之不平，馮浩注謂：「蓋初婚後，應鴻博不中選，閨中人爲之不平，有書寄慰也。」（註三一）

二、此詩的風格，是情感沈摯，有餘不盡，然而文字明白淺易，首尾連貫，沒有隱晦難解之處，這是至親無文的自然表現。古人的許多家書，也都呈現這種特色。義山詩集中的憶內或寄內詩，也都是這樣寫的。如馮浩解爲「客中思家之作」的「寓目」（園桂懸心碧），有「新知他日好，錦瑟傍朱櫳」之句，情深而語平。解爲「憶內之作」的「夜意」（簾垂幕半卷），解爲「寄內詩」的「鳳」（萬里峯巒歸路迷），詩中都如家人絮語。解爲寄內詩的「搖落」（搖落傷年日），有「結愛曾傷晚，端憂復至今」、「遙知霑灑意，不減欲分襟」之語，和「照梁初有情」一詩的情味極爲近似，也無隱晦之語。解爲寄內詩的「夜雨寄北」（君問歸期未有期），「何當共翦西窗燭，却話巴山夜雨時」自來爲大家所賞愛，亦是以平淺之語寫不盡之情，馮浩之注尤見精神：「語淺情濃，是寄內詩也。」一句話扣住了關鍵。「因書」（絕徼南通棧）一詩，馮浩曰：「亦寄內詩，與上首（按：指「夜雨寄北」）同。」詩中如「生歸話辛苦，別夜對凝釭」亦是在樸實平易的文字裏包含著依依不盡的感情。凡是這類詩，讀之文清字順，溫馨感人，與義山其他的詩情味有別。

由許多憶內、寄內詩篇綜合觀察的結果，可以看出這類詩的獨特風格，可以分辨一些詩篇是否與憶內、寄內有關，譬如湯翼海先生將「鳳尾香羅薄幾重」、「重幃深下莫愁堂」、「昨夜星辰昨夜風」、「聞道閶門萼綠華」四首無題詩皆釋爲義山與妻子戀愛的詩。（註三二）姑不論夫婦婚前交往是否必要列爲「無題」？即以義山憶內、寄內之風格衡之，亦屬不類。

三、這首詩的問題在寄內詩爲什麼名爲「無題」？問題的關鍵應在義山的岳家——王茂元家。

本來夫婦前的交往，不管感情如何熾熱，情節如何曲折，一旦成婚，即爲社會所認可，他人不敢有閒言。因此夫婦感情之私，形之於筆端，實沒有加以遮掩、迂迴的必要。問題是周遭的一切，尤其是兩家之間的相處並不那麼單純，義山婚於王氏，在唐朝重視門第的社會裏（駱賓王爲徐敬業聲討武則天的檄文，劈頭即攻擊她：「性非和順，地實寒微」！），是相當不和諧的。依張譜所載，義山十歲喪父，二十六歲始中進士，二十七歲娶王氏女，試宏詞不中選，二十八歲始釋褐爲秘書省校書郎，調補弘農尉，嗣後大都居人幕下，義山身家實甚為涼薄。王茂元則為富貴顯赫，曾為朝官又官拜涇原節度使、忠武軍節度、陳許觀察使，王家自是高門顯第，對此社會地位卑微的女婿，並不重視與照顧。

有許多迹象可以看出這種事實，如文宗開成三年，義山二十七歲，娶王氏女，開成五年，王茂元入為朝官，義山辭弘農尉，赴湖南楊嗣復之招，游江潭。武宗會昌元年，義山三十歲，王茂元為忠武軍節度，陳許觀察使，義山自北鄉還京。翁婿二人，彼入則此出，彼出則此入，寧有如此巧合？且義山婚前，曾為王茂元辟為掌書記（註三三），何至婚後反而遊食異地、居他人幕下？這些都可看出王家對義山的冷落。馮浩亦謂王茂元「不足深恃」。（註三四）

因此，義山有關王茂元崇讓宅之詩，往往帶有隱晦曲折的傷感，如「正月崇讓宅」：「密鎖重關掩綠苔，廊深閣迥此徘徊。先知風起月含暈，尚自露寒花未開。蝙拂簾旌終展轉，鼠翻牕網小驚猜。背燈獨共餘香語，不覺猶歌起夜來。」華麗堂皇的王宅怎會密鎖多苔？如果王宅住得安穩，又何至於為蝙鼠所驚？而且，作者描述下的王宅竟如同荒宅廢院，全無人跡，原因何在？合理的解釋，應是由於王家對作者的冷落，作者感覺此宅全無溫暖，無人照拂，因此感到荒忽孤寂，難以安身。其他，如「臨發崇讓宅紫薇」，及王茂元治所作的詩「安定城樓」、「回中牡丹為雨所敗」都透露出惆悵、冰涼的難以言喻的「隱痛」。（註三五）

因此，「中心最不平」一句，憑浩謂「應鴻博不中選，閨中人為之不平」，尚未深刻。眞正的含意是不平於王茂元的寡恩，雖親為女婿，有力提携却不肯提携，感傷莫名，且不可言說，故名詩為「

無題」。

由於對這首詩有關的研究，我們發現王家在義山心中存留著陰影，而義山又篤於伉儷之情，二者的交錯衝擊造成極大的痛苦與遺憾，義山一生許多吞吐嗚咽的詩篇應是爲王家而發。注疏家受到舊新唐書的太大影響，一昧地指向令狐綯，是不正確的。（註三六）

第四類：包括「八歲偷照鏡」、「何處哀箏隨急管」、「紫府仙人號寶燈」凡三首（註三七）。分述於後：

一、這些詩均有詩面的意旨，且均爲甚平常之題材，却以「無題」名篇。

由詩面言：「八歲偷照鏡」寫一位勤於修飾之少女，已解風情，延宕未嫁之鬱悶。「何處哀箏隨急管」寫東家老女的婚事不順，面對良時美景，不禁痛苦長歎。「紫府仙人號寶燈」寫仙人之飄渺於雲端，凡人不可企及。三首詩的詩面均有完整的意旨，且與作者的感情無直接關係，不是複雜心境的呈露，「八歲偷照鏡」一首，敍事明晰，目的也不在隱去人物，「何處哀箏隨急管」人與事俱全，「紫府仙人號寶燈」也是「人」與事不缺，該說的都說了。那麼，爲什麼名爲「無題」呢？定是作者另有意旨，不好明說，於是寄託在這些平淺易明而似與已無關的題材裏。換句話說：詩面並不隱晦，隱晦的是詩中的寄託，作者不欲明寫，又怕讀者僅留意於詩面，辜負了作者的心意，於是名爲「無題」，引起讀者探尋言外之意的動機。用「無題」命題，正是作者提供的一條線索。這才是眞有寄託的無題詩。

二、這類詩，由文字上看，文清字順，句意連貫，讀者一閱即可明白詩旨。可看出作者並不想用隱微的文字，深僻的典故來使詩旨朦朧化，而名為「無題」，實乃寄情於文字之外。

三、至於這類詩所寄託的是什麼呢？應作較合理與平允之推測。

「八歲偷照鏡」馮浩注曰：「上崔華州書『五年讀經書，七年弄筆硯』，甲集『十六著才論、聖論，以古文出諸公間』。此章寓意相類。」以義山之文解其詩，不但合情合理，而且文字之結構亦類似。

「何處哀箏隨急管」乃義山借老女婚事不遂，喻己之不得志。「東家」用宋玉登徒子好色賦：「臣里之美者，莫若臣東家之子」的典故，東家之女是美女，比喻自己是美才。美女嫁不售，比喻美才不為人所賞用，以義山一生坎坷看來，可謂比喻適切。溧陽公主為梁簡文帝女，侯景惑其美色，年十四乃寫公主之年少。年少色美已為人所愛，喻他人年少得志者。二者比並而觀，乃見義山之更形窮蹇，因此，連燕子都要長歎詩人的命蹇、世間的不平了。

唐人每以婦女行徑自喻，如朱慶餘「近試上張籍水部」：「洞房昨夜停紅燭，待曉堂前拜舅姑。裝罷低聲問夫婿，畫眉深淺入時無？」（註三八）即以新嫁娘自喻，問夫婿：畫眉入時否？即問張籍：我的詩文夠水準否？義山以勤修之少女、嫁不售之老女自比，是唐人習用之法。

「紫府仙人號寶燈」張爾田謂「寓意亦未詳」。（註三九）因無較明確的依據，不擬勉強解說。

第五類：包括「幽人不倦賞」、「萬里風波一葉舟」凡二首。（註四〇）分述於後：

一、這類詩，嚴格的說並不是無題詩。紀昀已看出「萬里風波一葉舟」是「失去本題而後人題曰無題」、「幽人不倦賞」是「與無題詩相連，失去本題，語（按：當作「誤」）合爲一」（註四一）。馮浩謂「幽人不倦賞」：「必別有題而失之」題爲「失題」；於「萬里風波一葉舟」，雖題爲「無題」，註語則曰：「原編集外詩」。

二、以內容而論，「幽人不倦賞」誠如馮註引吳喬曰：「招友同遊不至之作」，明白曉暢，詩旨全在詩末一聯：「此地如攜手，兼君不自聊」，既不是複雜心境之呈露，也不是對某些人、事有所遮掩，更不是藉之有所寄託，名爲「無題」是沒有理由的。「萬里風波一葉舟」如果確出於義山，則詩多用荊蜀典故，乃寫當年路過此地之風險、羈留此地之飄泊，詩旨亦在最末一聯：「人生豈得長無謂？懷古思鄉共白頭」，本詩之特色與不合寄託，全類於前詩，名爲「無題」是沒有意義的。

叁、無題詩之深究

對義山無題詩普遍的觀察分析之後，我們可比得到一些較深刻的認識：

一、無題詩之主要成分是情詩，作者藉它歌詠多種層面的愛情。

如前所述，無題第一類詩，描述的是極隱密，却極強烈深刻的愛情。第二類則稍有隱密，而較爲平淺的愛情。第三類詩，**是對妻子沈潛**、綿長却顯得平易的愛情。這些詩佔了無題詩三分之二以上，因此，說無題詩等於情詩，亦不爲過。

當然，我們討論過「無題」的意義，它的內含應是描寫作者的複雜心境。然而，我們可以看出，在複雜之中，有條主流極為清晰，它即是愛情，作者是沈浸在他的愛情世界裏而寫出無題詩的。

義山於無題詩中歌詠的愛情，不僅對象有別，層次和形態也有明顯的不同。譬如第一類的層次顯然比第二類高，作者投入的愛情密度要濃得多，因此，更易感動讀者的心。第一類與第三類的形態有所不同，第一類是激烈起伏，第三類則顯得寧靜含蓄。作者用誠摯的心意、堅韌的生命力及天賦的深情善感，寫出了多種層面與形態的愛情，光輝耀眼，活潑生動，締結了義山詩中獨特的、綺麗的愛情世界，這是無題詩的眞內容，也是眞價值。

根據讀無題詩的經驗，我們發現義山集中歌詠愛情的詩篇，即應作情詩看，它是當下即足，不假外求的。劉若愚先生曰：「李商隱很多詩都與愛情有關，但一般而論，並非單純、直接題贈給被愛者的情詩，而是對不同的愛之世界的探索，至少，是以不同的眼光看愛的世界。」（註四二）實乃義山詩之解人。

義山詩中誠然有些詩是有所寄託，當求之於文字之外的；但是像無題類的情詩，其中有濃厚的愛情字眼、有強烈的感情暗示、有溫馨的愛情氣氛，可以顯示出作者對愛情世界的刻意經營，如果只存寄託又何必如此費力？退一步說，如果此中眞含寄託，由於詩旨本身已經圓足，愛情依舊是主，寄託只是客。讀者不應將力氣用於紛紜寡依的寄託，而該用於圓足鮮活的愛情世界，這才是研讀義山詩的陽關大道。

二、無題詩爲令狐綯所作之說不可信

由於新舊唐書有關李義山的記載，過於強調義山與令狐綯的關係，引起注疏家們的特別注意，於是敏感的以爲義山的許多詩都是爲令狐綯而寫。其中以馮浩爲最。馮浩於「來是空言去絕蹤」、「颯颯東風細雨來」、「含情春晼晚」、「何處哀箏隨急管」無題四首下註曰：「此四章與昨夜星辰二首判然不同，蓋恨令狐之不省陳也。」以下循章摘句，說明此乃義山與令狐綯之某些事迹，某種感情，巧辭附會，若眞有關聯。「紫府仙人號寶燈」註曰：「時蓋元夕在綯家，候其歸而飲宴，故言候之久而酒已成冰，當此寒宵，何尚不即歸乎？」於「鳳尾香羅薄幾重」、「重幃深下莫愁堂」下註曰：「將赴東川，往別令狐，留宿而有悲歌之作也。」

我們了解馮浩如此作的苦心，是希望探尋義山詩中的寄託，而使研讀之人不止於詩面，而有更深入的體會。但是，由於方法未當，推求太過。馮浩的用意不但無法達成，還可能適得其反——即曲解詩旨、斲喪詩味。

無題詩之主要成分應是情詩，不必輕言寄託，已見前論。而馮浩言寄託之中，缺失很多，本身即不能成立。

1.馮浩採用的方法，是將詩中某些詞語或事物，作過分的聯想。如註「賈氏窺簾韓掾少，宓妃留枕魏王才」謂「五句重在『掾』字，謂己之常爲幕官；六句重在『才』字，謂幸以才華，尚未相絕。」其實以全詩來看，乃寫情人欣賞作者之處，上句所重乃在「少」字，即是年輕；下句所重誠在「才」

字，乃是情人賞其爲才俊，附會不上令狐綯。「來是空言去絕蹤」的主詞本來已爲作者隱去，馮浩卻硬指是令狐綯，而全無依據。「鳳尾香羅薄幾重，碧文圓頂夜深縫」馮浩謂「起二句衾帳之具」，卻不知此二句之重點不在衾帳，乃在「夜深縫」，透過這三字我們似乎呼吸到某種無奈或不祥的氣息，馮浩爲了解說寄託，竟忽略了詩中的輕重。

以馮浩之法，則詩旨可西可東，會成爲紛雜多歧的詩境，義山必不會如此作詩。又爲了圓備自己的說法，忽略了詩中的輕重，破壞了詩原有的平衡性及面目，詩的意旨已受到歪曲。最嚴重的，是穿鑿附會的結果，失去了詩原有的生命與精神，圓足的情詩成了委屈的求憐詩，詩的韻味已蕩然無存了。

2.馮浩解釋寄託未能圓備，減低了說服力。如解「書被催成墨未濃」云：「『書被催成』，蓋令狐促義山代書而攜入朝，文集有上綯啓，可類推也。」姑不論將詩中「書」字附會爲代令狐綯撰寫入朝之書，乃缺乏根據。即以常理論，入朝之書，有關國家大計，須經御覽，令狐綯能如此草率？又如註「紫府仙人號寶燈」曰：「新書傳：綯爲承旨，夜對禁中。燭盡，帝以乘輿金蓮華炬送還。院吏望見，以爲天子來，及綯至，皆驚。可爲此首句類證也。時蓋元夕在綯家，候其歸而飲宴，故言候之久而酒已成冰，當此寒宵，何不歸乎？」這一段話不但附會且有錯誤，林宏作先生指出：唐書並「未明言令狐綯夜對禁中的年月日，馮浩何能斷定『時蓋元夕』？又如何作爲此詩的『首句類證』？」並且考出令狐綯爲承旨時，李義山仍在徐州幕府，不在京師，何能在綯家候飮？（註四三）在此情形下，馮浩所詮解的寄託，實不能自圓其說。

3.義山與令狐綯常有詩酬答，其風格不似無題詩。集中直接有關令狐綯之詩題，約十首，內容大多是讚美對方少年有成，如「二十中郎未足稀，驪駒先自有光輝」（令狐八拾遺綯見招送裴十三歸華州），「人生有通塞，公家繫安危」（酬別令狐補闕），「望郎臨左郡，佳句灑丹青」（酬令狐郎中見寄）。次歎自己之窮愁，如「休問梁園舊賓客，茂陵秋雨病相如」(寄令狐郎中)，「萬里懸離抱，危於訟閣鈴」（酬令狐郎中見寄）。常以渴望對方提拔作結，如「嗟余久抱臨邛渴，便欲因君問釣磯」（令狐八拾遺綯見招送裴十四歸華州），「幾時綿竹頌，擬薦子虛名」（令狐舍人說昨夜西掖玩月因戲贈）。這些詩的題與意，都明白曉暢，盼望汲引之心躍然紙上，毫不隱晦，與馮浩所指出的幾首無題詩風格迥異。而且，在與令狐綯文字的酬答中，義山好以司馬相如自喻，但未曾將美人芳草比令狐綯，與無題詩對情人纏綿悱惻的詩境全不相類。

由馮浩以寄託之說解釋無題的不妥切，啓示我們對所謂言外之意的寄寓，應該審愼處理，它須有依據，有線索，像我們探尋的無題第四類詩一樣，才好談它的寄託，談的時候還須自我約制，不可任意發揮。如此，美好的詩篇才能保有原來的面目及韻味。

三、**無題詩形式與內容結合緊密，裏外如一。**

義山無題詩每類之間，不止感情有層次、形態之別，而風格亦隨不同的層次與形態，有其不同的特色。何種感情即形成何種風格，這種裏外如一的特質，提供了我們研究的依據。

譬如在無題第一類詩中，我們看出激烈、深刻的感情顯現的是隱晦曲折的風格。倒過來說，有如此風格的詩篇我們亦可推測出有這種感情，應歸為此一類詩。

孫甄陶先生曾以義山詩的隱僻風格作為討論，發現義山在隱與不隱之間，有鮮明的分野。孫氏指出如譏藩鎮的跋扈，評天子施政的得失、諷帝王的餌丹求仙都不隱僻；但是，面對宦官之禍、朋黨之禍則因怕觸犯時忌，作詩不得不隱。（註四四）以何種形式表達何種內容，竟井然有序。那麼，透過風格即可幫助我們範圍內容，進而了解內容了。

當然，風格的把握不是很容易的事，要令其確切尤其不易。但是，如果我們採用多角度的觀察，多種方法並用，而用風格判斷法作為輔助，必有相當效益。

四、無題詩有不凡的藝術技巧

我們讀無題詩時，除了為其旨意所吸引外，其中迷離的詩境、瑰麗的詞語、幽渺的神韻對我們的衝擊更大。我們也許不能完全了解其意旨，却可以鮮明的感覺其不凡的生命力，憑藉的就是義山極高明的表達藝術。義山的時代背景，他所歌詠的人物，離現在已經遠了，但他的表達藝術却那麼感人、那麼親切，永遠都是新的。即以表達藝術而論，義山詩已有永垂不朽的價值。由於近人這方面的研究，已逐漸呈現義山詩的價值。（註四五）但是，工夫用得還不夠，有待研究者再接再厲，如此可以在古人研究境域之外，另開一條通衢大道。

結　語

本文將無題詩經歸納、分析之後，分爲五類，於是條理清晰，無題之內容已較能把握而看出古人（如馮浩）附會的不合理，也看出了無題詩形式與內容結合一致的特性，於是對義山的愛情境界及藝術技巧足以作價值的肯定。其餘有關的問題，亦可運用此法研究。如本文將義山與令狐綯酬答之詩作全體觀照後，找出其特質，即明白判斷無題詩非爲令狐綯而作。徐復觀先生透過義山有關崇讓宅（王茂元宅）詩的綜合研究後，肯定義山婚於王氏有隱痛。（註四六）羅宗濤先生統合並觀義山詩中對蓮的描述之後，發現「義山詩中的蓮，既以喻己，又以喻人；既以之比髮妻，又以之比情人；既用以寫情欲，又用以表聖潔；既用於幕府之中，亦用於出塵之想；既以之言佛法，亦以之言仙道。」（註四七）這些研究的成果，由於方法較爲縝密，其可信度也就相對的提高。古人箋註義山詩，所以會隨意發揮，乃由於沒有適當的涵蓋面，純由一章一句去引申聯想，漫無範疇，遂至有與原意本貌相違者。今人解析詞章，已能將較科學之方法（歸納、分析即其一端）與靈心善感相結合，遂能超出古人即興、朦朧之批評，而有所突破。由於今人在理路上的訓練已遠過古人，概念較清晰，推理較明確，方法遂更科學，這是今人的大資產，欲使詞章之學超越前賢，就要好好利用這筆資產。

【附　註】

註　一　馮浩之說見於其「玉谿生詩集箋註」。張爾田之說見於其「李義山詩辨正」。批評馮、張之說者，如林宏作「讀李商隱無題詩」，中外文學五卷十期。

註　二　如姚一葦「李商隱詩中的視覺意象」，中華文化復興月刊四卷五期。
陳世驤「時間和律度在中國詩中之示意作用」(二)，中華詩學九卷二期。
劉若愚著、方瑜譯「李商隱詩的用語」，幼獅三八卷一期。
劉若愚著、方瑜譯「李商隱詩的境界」，幼獅三七卷一期。
歐陽炯「從美感經驗說試探義山詩」，東吳大學中國文學系系刊第六期。

註　三　林宏作著「讀李商隱無題詩」，中外文學五卷十期，頁一五三。

註　四　張爾田著「玉谿生年譜會箋」（本文後簡稱「張譜」）。

註　五　方瑜著「李商隱的詠史詩」（上），中外文學五卷十一期，頁七六。

註　六　高若天著「李義山政治詩摘箋」，中國詩季刊三卷二期，頁二。

註　七　蘇雪林著「玉溪詩謎」。

註　八　鄭緒平著「李商隱錦瑟詩考徵」（上），建設十一卷八期，頁三二。

註　九　湯翼海著「李義山無題詩十五首考釋」(二)，民主評論十四卷七期，頁二〇。

註一〇　繆鉞著「論李義山詩」，中國詩季刊七卷一期，頁一〇二。

註一一　湯翼海著「李義山無題詩十五首考釋」(一)，民主評論十四卷六期，頁十八。

註一二　葉嘉瑩著「略談李義山的詩」，幼獅文藝三一卷六期，頁七八。

註一三　同註一二。

註一四　劉大杰著「中國文學發達史」，頁四八二。

註一五　同註一〇，頁一〇七與一〇九。

註一六　徐復觀著「環繞李義山（商隱）錦瑟詩的諸問題」，中國文學論集，頁一九一。

註一七　參看沈秋雄「試論李義山的用典」，中華文化復興月刊十卷四期。及簡翠貞「李義山詩多用仙典試解」，新竹師專學報第五期。

註一八　參看註一七簡翠貞文。

註一九　道德經第一章。

註二〇　道德經第四十章。

註二一　韋政通著「中國思想史」上册，頁一五三。

註二二　徐復觀著「中國人性論史」，頁三三〇。

註二三　錄自朱鶴齡李義山詩箋註「幽人不倦賞」條紀評。

註二四　四庫全書總目提要卷一四八集部別集類四李義山詩集條。

註二五　依馮浩箋註本，將此類詩錄於後。

來是空言去絕蹤，月斜樓上五更鐘。夢爲遠別啼難喚，書被催成墨未濃。蠟照半籠金翡翠，麝熏微度繡芙蓉。劉郎已恨蓬山遠，更隔蓬山一萬重。

颯颯東南細雨來，芙蓉塘外有輕雷。金蟾齧鎖燒香入，玉虎牽絲汲井迴。賈氏窺簾韓掾少，宓妃留枕魏王才。春心莫共花爭發，一寸相思一寸灰。

含情春晼晚，暫見夜闌干，樓響將登怯，簾烘欲過難。多羞釵上燕，眞愧鏡中鸞。歸去橫塘曉，華星送寶鞍。

相見時難別亦難，東風無力百花殘。春蠶到死絲方盡，蠟炬成灰淚始乾。曉鏡但愁雲鬢改，夜吟應覺月光寒。蓬山此去無多路，青鳥殷勤爲探看。

鳳尾香羅薄幾重？碧文圓頂夜深縫。扇裁月魄羞難掩，車走雷聲語未通。曾是寂寥金燼暗，斷無消息石榴紅。斑騅只繫垂楊岸，何處西南待好風！

重幃深下莫愁堂，臥後清宵細細長。神女生涯元是夢，小姑居處本無郎。風波不信菱枝弱，月露誰教桂葉香？直道相思了無益，未妨惆悵是清狂。

註二六　陳祖文著「試闡李商隱的四首絕句——人仙之間一段情」，中外文學六卷十二期，頁三〇。

註二七　依馮浩本，將此類無題詩錄於後：

昨夜星辰昨夜風，畫樓西畔桂堂東。身無綵鳳雙飛翼，心有靈犀一點通。隔座送鉤春酒暖，分曹射覆蠟燈紅。嗟余聽鼓應官去，走馬蘭臺類轉蓬。

聞道閶門萼綠華，昔年相望抵天涯。豈知一夜秦樓客，偷看吳王苑內花。

長眉畫了繡簾開，碧玉行收白玉臺。爲問翠釵釵上鳳，不知香頸爲誰廻！

壽陽公主嫁時粧，八字宮眉捧額黃。見我佯羞頻照影，不知身屬冶遊郎。

近知名阿侯，住處小江流。腰細不勝舞，眉長惟是愁。黃金堪作屋，何不作重樓？

白道縈廻入暮霞，斑騅嘶斷七香車。春風自共何人笑？枉破陽城十萬家。

註二八　同註九，頁一六三。

註二九　依馮浩本，錄之於後：

照梁初有情，出水舊知名。裙衩芙蓉小，釵茸翡翠輕。錦長書鄭重，眉細恨分明。莫近彈碁局，中心最不平。

註三〇　馮浩即定爲寄內詩，見「玉谿生詩集箋註」卷一「照梁初有情」條。

註三一　同註三〇。

註三二　湯翼海著「李義山無題詩十五首考釋」(一)(二)。民主評論十四卷六、七期。

註三三　舊唐書文苑傳，新唐書文藝傳。

註三四　馮浩著「玉谿生年譜」武宗會昌二年壬戌條。

註三五　「隱痛」一語出註一六徐復觀文，本段內容曾參考此文。

註三六　說詳本文「參，無題詩之深究，二、無題詩乃爲令狐綯所作之說不可信。」。

註三七　依馮浩本，將此類詩錄於後：

八歲偷照鏡，長眉已能畫。十歲去踏青，芙蓉作裙衩。十二學彈箏，銀甲不曾卸。十四藏六親，懸知猶未嫁。十五泣春風，背面鞦韆下。

何處哀箏隨急管，櫻花永巷垂楊岸。東家老女嫁不售，白日當天三月半。溧陽公主年十四，清明暖後同牆看。歸來展轉到五更，梁間燕子聞長歎！

紫府仙人號寶燈，雲漿未飲結成冰。如何雪月交光夜，更在瑤臺十二層？

註三八　全唐詩卷五百十五。

註三九　張爾田著「李義山詩辨正」。

註四〇　依馮浩本，將此類詩錄於後：

幽人不倦賞，秋暑貴招邀。竹碧轉悵望，池清猶寂寥。露花終裛濕，風蝶強嬌饒。此地如攜手，兼君不自聊。

萬里風波一葉舟，憶歸初罷更夷猶。碧江地沒元相引，黃鶴沙邊亦少留。益德寃魂終報主，阿童高義鎭橫秋。人生豈得長無謂？懷古思鄉共白頭。

註四一　同註二三。

註四二　劉若愚著、方瑜譯「李商隱詩的境界」，幼獅三七卷一期，頁六二。

註四三　同註三，頁一五六—一五八。

註四四　孫甄陶著「李商隱詩探微」，新亞學報第四卷第二期，頁一九〇—二一五。

註四五　參考註二。

註四六　參考註一六。

註四七　羅宗濤著「李義山詩中的蓮」，東方雜誌十六卷六期，頁七一。

附錄二

李義山詠物詩中的柳

黃盛雄

李義山的詩，在華麗的辭彩裏，蘊含著幽微精妙的情感，使讀之者意動心醉。讀者對義山心靈世界的繁複、瑰麗，自然易起好奇之心，而有意去加以探討。

欲探討義山的心靈世界，由他的抒情詩入手，從詩情尋覓心情，是很好的手法，此法已爲探索者廣泛使用。另有一法，是較被忽略的，即是由詠物詩入手，透過詩人詠物的取材、角度、描寫的情況、寄託的意味，一樣可以了解詩人的內心。由詠物詩看心境，雖較抒情詩爲間接，但卻有另一長處。詩人在抒情詩中，或因過於直接，而不敢將心境作太明顯的敞露，義山的無題諸詩就是好例；在詠物詩中，卻因有些間接，反而無此「戒心」，因此，心境的表露可能更爲清晰。此法的運用，應可與運用抒情詩之法相互輔助。

在義山的詠物詩中，又發現義山對柳情有獨鍾，評價也有不同，隱然似有藉柳自喻的傾向，因此、以義山的詠柳詩來探討其心靈世界，應是一條頗爲可行的途徑。

壹、義山對於柳之描寫

一、柳體纖柔美豔

柳條纖細、柳葉狹長，加上體質柔軟，迎風搖曳之時，若有依依之情，古詩人早有所詠。（註一）六朝及唐時詩人詠柳，亦大都圍繞著這個範疇下筆。

義山詠柳詩中，寫柳的纖細，如「眉細從他斂，腰輕莫自斜」（謔柳），「莫損愁眉與柳腰」（離亭賦得折楊柳二首）；寫柳的柔軟，如「朝珮皆垂地」（垂柳）「曾逐東風拂舞筵」（柳）「為有橋邊拂面香」（柳）「垂」、「拂」等字都很適切，「拂」字尤為傳神。

纖細柔和的枝葉，自然輕盈美好，若有輕風牽引，更具風致。義山好用「娉婷」、「婀娜」以形容柳的丰姿，如「娉婷小苑中，婀娜曲池東」（垂柳）。由於婀娜多姿，自見風流雅致，「見說風流極，來當婀娜時」（贈柳）。甚至說柳的美豔足以「傾國」（柳）。

義山對於柳體的描寫，雖然不出唐人範疇。但是他似乎用更深切的心情去觀察，也用更仔細的詞彙去描摩。他不但愛用擬人的筆法寫柳，且愛將它妝扮得華麗美豔，如用「黃金縷」、「白玉花」（謔柳）寫柳葉、柳花，在唐人即較少如此。他甚至認為柳的纖柔美豔，亦足以與竹的清高、松的堅貞相媲美，其「七賢寧占竹，三品且饒松」（垂柳）之語，便隱然因世人的偏重松竹，為柳提出不平。松、竹於國人的心目中，松性高勁、竹有高節，都是君子的象徵；柳的柔弱飄蕩，怎可與其相比？（

註二）義山對柳卻提出了另一套評價的標準，仔細想想，詩人亦自有其見地：柳若佳人，而松、竹若君子，佳人之美與君子之節都是可寶貴的，爲什麼要強分高下？

二、柳性多情

柳的纖柔枝葉，搖曳於風中，在詩人的感覺中，是外形美豔而心中多情。唐人折柳贈別的生活素材，更引起詩人覺得柳的多情。

義山寫柳的多情，好用「依依」，如「永定河邊一行柳，依依長發故年春」（關門柳），「含煙惹霧每依依」（離亭賦得折楊柳二首）。「依依」雖只是古語，但是義山在其中注入了自己的觀察與感覺，意味即有不同。永定河邊的柳，「長發故年春」，柳是念舊的，年年雖抽新葉，然情誼依舊。「含煙惹霧」一語，更寫出柳的情感是主動的，它去「含」去「惹」，使賦有朦朧浪漫意味之煙霧，和柳一同激越熱情起來。義山有時也直接點出柳的多情，如「柳映江潭底有情」（柳）。

多情則富於感染力，義山寫柳能「動春」、「撼曉」：「動春何限葉，撼曉幾多枝？」（柳）。

多情的柳，樂於助人，義山寫出了多情的積極面，「無奈巴南柳，千條傍吹臺。更將黃映白，擬作杏花媒。」（柳下暗記）這首詩是否有寓意，（註三）姑且置而不論，就詩解詩，柳助杏花，顯示著柳的多情。

情感豐富者，若不得其正，則易走向偏鋒，入於陷溺。義山觀察柳態，體會柳情，亦難免對柳有慨歎、惋惜之處，如「長時須拂馬，密處少藏鴉」（謔柳），馮浩曰：「拂馬、藏鴉，喻其冶態」，

（註四）冶容而多情，欲其貞靜是不易的，義山終於對柳的浪漫提出勸諫：「忍放花如雪，青樓撲酒旗？」（贈柳），可謂用情深，用心苦了。

三、柳之遭遇多寂寞與斷腸

柳體的纖美，柳性的多情，在天賦上已隱含有紅顏薄命的悲劇成分。更何況垂柳管別離，面對日日情傷，誰的內心能不脆弱易感呢？

義山由於靈心善感，又富於同情心，對於柳的遭遇，便有深刻的擬寫：「曾逐東風拂舞筵，樂遊春苑斷腸天。如何肯到清秋日，已帶斜陽又帶蟬？」（柳），「爲有橋邊拂面香，何曾自敢沾流光？後庭玉樹承恩澤，不信年華有斷腸。」（柳）兩首詩都以比較的筆法寫柳的遭遇。玉樹生長於後庭，欣承恩澤；柳則寂寞的在橋邊搖蕩，何等淒涼！而柳在春日拂搖於舞筵的歡樂，與秋日伴著寒蟬面對夕陽的辛酸相比，又情何以堪！因此，義山均以「斷腸」二字寫其情況。

義山寫柳之遭遇是詠柳詩中最深刻、最有價值的部分。寫柳體柳性，雖有卓越之處，但究竟是以我觀物，雖用心力，究竟物我是二體。但寫其際遇時，義山簡直把柳當人來寫，甚至可說當自己來寫。物我交融，眞情畢露，對柳的悲劇遭遇，愴怏難懷。寫出了世間萬物悲劇的共相，使讀者激起共鳴，感受多端。這樣的詩，才是至情至性的詩篇。

貳、義山詠柳詩中的寄託

詩歌本身，因文字凝鍊、內容豐富，因此，若要加以引伸或解釋，就會歧出旁通、紛紜複雜。義山的詠柳詩，含情飽滿，且格外有種淒婉的風格，很容易使讀之者產生聯想，加上義山牽纏著柳枝的淒豔故事，更易產生附會。因此，如果漫無標準而言其寄託，勢必紛亂而破碎。本文是根據義山詩中所傳出的特殊「訊息」，如刻意的描繪、深度的關情、反覆的示意……等，得到某種啓示，而將此啓示放在義山的大部分詠柳作品中，看看能否旁通無滯而構成一個系統，凡是能成系統而不是點滴支離的聯想、引伸，才看成是眞正的寄託。

一、以柳喻佳人、才士

義山於描寫柳體的纖柔美豔時，大都把柳當作佳人來寫。柳葉如眉，柔條似腰，搖曳如舞，柳與佳人本有許多相同的特性。義山寫柳時，更刻意描繪，將它妝扮得十分美豔；不止如此，義山對柳還關注了濃厚的感情。他不只詠柳，也作詩「贈柳」，甚至「謔柳」，其中的依依情懷，和對佳人說話簡直沒有兩樣。如他寫柳的冶媚多情：「已帶黃金縷，仍飛白玉花。長時須拂馬，密處少藏鴉。眉細從他斂，腰輕莫自斜。玳梁誰道好，偏擬映盧家。」（謔柳），「長時」一聯笑謔其多情好招惹，「眉細」一聯即轉爲婉勸，情誼深摯。這首詩與其說是謔，不如說是勸；與其說是對柳，不如說是對佳人來得適切。又如：「章臺從掩映，郢路更參差。見說風流極，來當婀娜時。橋迴行欲斷，隄遠意相隨。忍放花如雪，青樓撲酒旗？」（贈柳），「見說」一聯寫柳的美姿倩質猶是常調；「橋迴」一聯已深切的寫出柳與作者的情意交融，不可分割；「忍放」一聯則是對柳過於多情的規勸。觀其用意之深，說他是爲佳人寫，似乎更爲恰當，因此，馮註即曰：「全是借詠所思。」由這些詩看來，加上程夢星所言：「唐人言女子好以柳比之，如樂天之楊柳小蠻，昌黎之倩桃風柳，以及章臺柳詞皆然。」（註五）義山將柳比心目中的佳人是十分明顯的。

義山寫柳之際遇時，則往往以柳的寂寞淒涼比才士的不遇。如詠柳的婀娜多姿，而後歎其際遇不佳：「七賢寧占竹，三品且饒松。腸斷靈和殿，先皇玉座空。」（垂柳）「腸斷」一聯用南齊武帝賞愛蜀柳，比之張緒之典，歎先皇已去，今則無人賞愛，不如松竹矣。馮註謂：「此借喻朝貴之爲新君所斥者，語意顯豁」，觀義山詩意，將此朝貴比之婀娜之柳，則其爲才士甚爲顯然。又如：「巴江可惜柳，柳色綠侵江。好向金鑾殿，移陰入綺窗。」（巴江柳）讚美柳色的碧綠可愛，當移陰金鑾殿，則以柳比有才之士也是很明顯的。

世間眞正的佳人與才士，本來就不多，偶而相遇，理應寶愛。然而，世俗對佳人、才士大多只糟蹋。因此，佳人薄命、才士抑鬱的故事常成爲小說、戲劇的題材，這是對天降美質的浪擲。義山是靈心善感的人，因此將其所感受的惋惜哀怨，藉詠柳加以抒發。

二、以柳自喻

義山的詠柳詩，自喻的成分相當重。

首先，我們發現，義山對於柳，的確投入了「太多」的情感，遠超過唐人其餘的詠柳詩。如前所述，義山寫柳都愛用「娉婷」、「婀娜」等美好的字詞，雖然這也是諸家所習用，但是幾乎篇篇如此，就値得我們注意了。其餘，如寫柳的柔婉多情、風流可愛，均有刻意的筆墨、不盡的情意。如果我們說其中影射著義山的某些性格成分，應是很合理的。

而且，透過義山的生平事蹟，可以看出他對功名、愛情的失意，只是怨而不爭，沒有激烈的反應，此與柳的柔婉自憐也是很類似的。因此，我們認爲義山藉柳自喻的意識相當濃厚。其內含可分二點敍述：

1. 以柳喻自己多情的性格

如前所述，義山以柳的搖曳多姿，依依動人之特點，寫出柳的浪漫多情。而義山也是個感情豐富而敏銳的人。

朱偰先生據義山一生行事、思想、言論、詩篇，推定其個性有六端，第一項即是多情。他說：「義山篤於情，由其無題、碧城、燕臺、河陽諸篇，以及與宮女及女道士之往還，可以見之。其暮秋獨遊曲江詩曰：『荷葉生時春恨生，荷葉枯時秋恨成。深知身在情長在，悵望江頭江水聲。』故義山一生柔情纏綿，發爲哀怨之音，吐爲旖旎之章。」將其作品看成一生多情的抒發，甚有見地。他又說：「又義山之情，初不限於男女，其手足之情……朋友之情……皆至深厚。古來文人，莫不多情，而尤以義山爲最也。」（註六）可見義山不但用情深，且用情博，具備了第一流詩人的特質。繆鉞先生也說：「李義山蓋靈心善感，一往情深，而不能自遣者。」又說義山「對於人事、對於自然，莫不如是。」（註七）朱繆二家的研究，都認爲義山有豐富而深刻的感情。

由義山寫柳性的多情，我們發現其感情的內容與形態，與義山甚為類似。譬如柳是念舊的，義山也是極念舊的，安平崔戎對義山照顧有加，崔戎去世後，義山感悼之：「古人常歎知己少，況我淪賤艱虞多。如公之德世一二，豈得無淚如黃河？」（安平公詩），對於崔戎舊僚，也殷殷囑咐，要照顧崔戎的子嗣：「莫憑無鬼論，終負託孤心。」（過故崔兗海宅與崔明秀才話舊因寄舊僚杜趙李三椽）都看出義山對故主的深情。至義山對待己如子的令狐楚的懷念，世多熟稔，茲不贅言。

義山筆下，柳的感情是主動的，義山也類似。譬如義山藉菊自薦的詩句：「願泛金鸚鵡，升君白玉堂」（菊），又如「人間桑海朝朝變，莫遣佳期更後期」（一片），「盧家文杏好，試近莫愁飛」（越燕），這些詩句都可隱隱看出詩人對追求感情的旺盛企圖心。讀義山詩的人，可能因為義山描寫感情時常帶幾分含蓄與朦朧，而忽略了義山的主動心態，其實由播諸千萬人之口的「春蠶」一聯，已可看出義山的感情，極熱烈也極主動，義山是一生一世都在「含煙惹霧」的。

至於寫柳情易於陷溺，又何嘗不是義山的自我寫照？誠如前述繆鉞先生所言，義山是一往情深而不能自已的。於愛情言，如無題、聖女祠諸詩，蘇雪林先生與朱偰先生都以為是女道士、宮嬪所作的情詩（註八），雖未能信此說而有徵，但義山詩中對愛情描繪的熾熱，字裏行間呈現出強烈的暗示，與屈原一覽即知的美人芳草以比君子的鮮明比況，是不相同的。由義山詩中，可以直覺到他的一生是沈浸在愛情中的，他甚至痛苦的告誡自己：「春心莫共花爭發，一寸相思一寸灰」（無題）。至於友情，如義山對令狐綯的眷眷難捨即爲一例。義山與綯同受令狐楚調教，嗣後雖因政治的現實關係，綯與義山有其怨尤，義山却仍是忠誠悃悃，情誼不滅。集中爲綯所作詩，標明題目者即近十首，超過義山其餘交遊。義山對於綯的眷眷難捨，深厚的舊誼應是主要原因，如果純爲求仕，則其岳父王茂元亦官高勢大（曾爲涇原節度使，又曾入爲朝官），義山集中並無對王茂元的類似詩篇。多情陷溺的結果，柳往往飽觀人情冷暖，義山亦有流蕩失落的悲哀，誠如其詩所云：「流鶯漂蕩復參差，度陌臨流不自持，巧囀豈能無本意，良辰未必有佳期。」（流鶯）可是詩人依舊不改其執著。

在義山的細膩描寫下，柳是念舊的、主動的、易於陷溺的，義山賦予柳情的豐富性，可以如繆鉞先生所說，解釋爲詩人對自然有深厚的感情，因而體情深刻，超越凡境。（註九）但是，經以上的分析，柳與義山均屬多情，而其內容與形態又如此類似。我們覺得「體情深刻」的解釋已有不足，詩人根本就在藉物詠懷。義山在寫柳時，往往即是寫自己。觀柳的特性，柔和而堅韌，也正是義山性格的寫照，他的一生受到許多委屈，但是他極少大聲疾呼的抗議，只有長吁短歎的訴怨，而對於自己的目標，却能不計成敗的追求下去。因此，我們說義山以柳自喻，應該不是附會。

2.以柳喻自己殷切的功名意念

義山於詠柳詩中，蘊含著自己的功名意念，且甚爲殷切，這是義山詠柳迥異於他家之處。

義山詠柳詩寓有功名意念，我們可以由詩中常用「金鑾殿」（巴江柳）、「靈和殿」（垂柳）、及京師的「章臺」（柳）、乃至長安附近的「樂遊原」（柳），看出消息。因爲詩人並不純粹以這些地方作背景，而是在其中有特殊的寄寓。

詠柳詩中，寄寓著義山對功名的熱切嚮往。如：「巴江可惜柳，柳色綠侵江。好向金鑾殿，移陰入綺窗。」（巴江柳）以柳比才士，然義山一生以才自負，也正是以柳比自己。依馮浩玉谿生年譜，義山此詩作於宣宗大中三年，時年三十七。（註一〇）中進士以來已十餘年，但還是居人幕下，稽延巴蜀，不得入朝爲官，於是藉柳寫志，「好向」一聯簡直就是作者在抒發心願。又如：「柳映江潭底有情？望中頻遺客心驚。巴雷隱隱千山外，更作章臺走馬聲。」（柳）由客中所見的柳色，聽見巴山的雷聲，竟想像是京官走馬章臺的聲音（章臺柳色亦美），義山對功名的嚮往，是多麼急切！

但是，在現實環境中，義山沒有高的門弟，又缺乏黨援，一生想望功名，却一直在失望之中。如前引「垂柳」一詩，述柳之遭遇不如松、竹，詩中有「腸斷靈和殿，先皇玉座空」之語，也未嘗不可看成柔和因循、其性如柳的義山，在沒有逢到賞蜀柳的齊武帝時，有生不逢時的悲歎。一直的功名失意，多次的悲歎之後，就是斷腸的呼號了：「爲有橋邊拂面香，何曾自敢占流光？後庭玉樹承恩澤，不信年華有斷腸。」（柳）柳的斷腸，是緣於不如玉樹承恩，已獨冷落淒清，這豈不是作者寓物寫心？

3.其他的寄寓

義山的詠柳詩，除了前述寄寓之外，由不同的角度看，亦有不同的寄寓在。尤其注疏家透過對義山身世、際遇的探索，認取的角度既有不同，再加上詩的內涵豐富隱微，不易確定，於是詠柳詩的寄寓亦見具多岐性。

有認爲義山以柳寓豔情者，如「暫憑樽酒送無憀」「含煙惹霧每依依」（離亭賦得折楊柳二首），馮浩曰：「深窺之，必爲豔情傷別之作。」

有認爲義山詠柳，有些詩篇是爲柳枝而作者，如「動春何限葉」（柳），馮浩引程夢星之說，以爲「唐人言女子好以柳比之」，又自加按語：「程說是矣，余更信其爲柳枝。結二句言已屬他人，彼得賞其通體，我惟覩其面貌耳，妬情尤露矣。」

有以柳之際遇喻友情之交疎者，如「曾逐東風拂舞筵」（柳），屈復曰：「玩曾拂肯到已又等字，詩意甚明，晚節交疎，有託而言，非徒詠柳也。」

有以柳喻失意之人者，如「爲有橋邊拂面香」（柳），屈復曰：「得意之人不知失意之悲。」（註一一）

這些說法，於一首詩或一聯，一句而言，皆可言之成理，使人接受，但若將詠柳詩統合並觀，則旁通者少，不易有完整的體系。

叄、義山詠柳詩中功名情節之探究

前已述及，義山在詠柳詩中寄寓著殷切的功名意念。我們擬進而探究：唐人詠柳詩是否普徧寄寓著這個意念呢？還是只有義山有此傾向？如果答案是後者，那麼義山是因柳的特殊屬性而偶發此念呢？還是對其餘詠物詩也都普存此一傾向？透過這個探究，我們可以對義山的心靈世界增加一點認識。

一、唐人詠柳詩不見功名情結

唐人詠柳詩，大都以別情與懷古爲題材。

寫別情乃是承襲六朝樂府的題材，這一點形跡特顯，甚至連題目也襲用，如樂府橫吹曲辭有「折楊柳」（註一二），唐人徐延壽有「折楊柳」（註一三），李白也有「折楊柳」（註一四），白居易新製的「楊柳枝」也是根據「折楊柳」而來的（註一五），唐人劉禹錫、溫庭筠等亦以爲詩題（註一六）。由於柳條纖柔，迎風搖曳，似有依依之情，加上又有折柳送別的習俗，這是唐人運用最普徧的題材，黃永武先生云：「就柳本身的姿態而言，依依牽人的柳絲，滿路狂飛的柳絮，都構成亂絲千萬的景象，象徵多情的『惜別』或無情的『離別』，都令人心煩慮亂，黯然銷魂！」（註一七）柳既管別情，則多在路旁水邊，山野之性，不涉及功名。

唐人詠柳另一題材是懷古。隋煬帝植柳運河邊，至唐時楊柳依舊碧綠，而隋朝已滅，唐詩人睹柳起興，所寫的大多是：「但經春色還秋色，不覺楊家是李家」（李山甫隋堤柳）的人世滄桑之感。在此情緒中，只有看淡功名，更談不上有功名情結了。

唐人詠柳詩有部分也涉及禁宮御河，似乎與功名有關。黎逢、張昔、丁位、元友直、楊系、崔績、張秀略、裴達，沈迴這些大曆進士，有「小苑春望宮池柳色」，歌詠宮柳的柔婉嫵媚，但是其中並不曾明顯的寄寓著自我殷切的功名意念。

由唐人詠柳的詩篇看來，題材既偏於敍別情與懷古，已與功名無緣。即使歌詠宮柳，也是作客觀描繪，稍加藻飾而已，並無殷切亟急的功名情結纏繞其中。因此，義山詠柳詩中的功名情結是他自有的特色。

二、義山其他詠物詩亦見功名情結

義山不但在詠柳詩中呈現功名情結，即在其他詠物詩中亦如此。

義山曾以紫薇寄功名之思，詠紫薇云：「桃綬含情依露井，柳綿相憶隔章臺。天涯地角同榮謝，豈要移根上苑栽？」（臨發崇讓宅紫薇），桃綬是表示官吏的印綬，章臺在京師，詠紫薇而牽入此種題材，豈是偶然？「移根上苑」之語則其心意更爲豁顯了。

亦曾以菊寄功名意念，詠菊云：「暗暗淡淡紫，融融冶冶黃……願泛金鸚鵡，升君白玉堂」(菊)，寫菊願釀爲酒，斟於金鸚鵡杯，以升上君之白玉堂，故馮浩曰：「結望入朝。」（註一八）

亦曾以槿花寄功名之思，詠槿花之紅云：「纔飛建章火」（朱槿花），建章乃漢武帝所建之宮殿。

亦曾以松寄功名之思，詠松云：「或著佳人號，或以大夫封」（李肱所遺畫松詩書兩紙得四十一韻），乃以秦始皇避雨松下，封之爲五大夫之故事爲題材。

亦曾以雪寄功名之思，詠降雪之狀云：「玉京應已足，白屋尚顛然」（憶雪），喜降雪之詩云：「此時傾賀酒，相望在京華」（喜雪），連下雪也想到京師。

亦曾以蜨寄功名之思，詠蜨云：「重傅秦臺粉，輕塗漢殿金」（蜨）。

亦曾以蟬寄功名之思，詠蟬云：「薄宦梗猶泛，故園蕪已平，煩君最相警，我亦舉家清」（蟬），由蟬之清高難飽大聲鳴其不平，想成是對自己一生追求功名的「相警」。

由上述可知，義山對歌詠動物、植物、自然物中，都曾寄寓功名之思。其寫作的方法，常是找某物和功名有關的因素，加以強調和發揮。如松、菊等本來代表君子、高士的形象，義山却能找出始皇封松爲大夫的典故，菊則可製菊花酒，菊花酒可供君之宴席。有時候乃以他物比此物，他物與功名有關，而顯出此物之落寞，如以後庭玉樹之承受恩澤，顯出路邊柳樹之淒涼。義山於詠物詩中，普徧的寄寓著功名之思，及詠物之時，將物牽附於功名的寫作方法，這是唐人所少見的，我們認爲其中呈現了義山心中不可解的功名情結。

三、試探究義山功名情結形成之原因

我們既已了解義山心中存有功名的情結，進一步便要探究其形成原因。

義山所以形成功名情結，一是由於讀書人的責任感。中國的讀書人，由讀書識字開始，便接受了修、齊、治、平的重大責任。讀書，是爲天下蒼生謀福祉的，嗣後生命史上一切的奮鬥，都以完成此責任爲目標。義山心中也有這分責任感，他的詩中有悲天憫人的襟抱，如文宗開元二年，義山由興元還京，行至右扶風時，見田野荒蕪、居民困頓，經詢問父老之後，知牧伯不仁，百姓疲於賦役，他說：「我聽此言罷，寃憤如相焚。昔聞舉一會，群盜爲之奔。又聞理與亂，繫人不繫天。我願爲此事，君前剖心肝。叩額出鮮血，滂沱汚紫宸」（行次西郊作一百韻），這種詩與杜甫的社會詩有同樣高貴的精神。

義山雖以無題、錦瑟等抒情詩馳名於世，但他的政治詩也很豐富。高越天先生作「李義山政治詩摘箋」，以爲義山承屈原、杜甫愛天下蒼生之懷，許多詩是因愛國愛民而作，如「韓碑」極言裴度平蔡之功、韓文之佳，藉韓碑之被毀，大責讒佞之非；「行次西郊作一百韻」痛言吏治之壞、兵禍之酷，允爲史詩；「贈送前劉五經映三十四韻」則對經學之廢，教育之衰有痛切的陳言……（註一九）爲義山政治詩作了扼要的箋疏。孫甄陶先生「李商隱詩探微」第四章，謂義山對藩鎮的專橫跋扈、帝王的餌藥求長生、時政之失都直言無諱；對宦官、宮闈、朋黨之禍，則用隱微的諷刺。（註二〇）對義山的政治詩敍述得很詳明。由義山的政治詩可以明顯的看出他對廣大社會的責任感。

第二個原因，是由於義山生存的焦慮。古時讀書人的眞正出路是仕宦，此乃生存之道。生存除了需要物質上的「五斗米」之外，理想得以發揮，價値受到肯定是最重要的，這才是生存的意義。這一切都靠仕宦的順利才得以達成。義山曾有「永憶江湖歸白髮，欲迴天地入扁舟」（安定城樓），這種進而兼善天下，功成退隱江湖的襟抱。但是，現實的環境使他俯仰異趣、哀樂由人，不止理想懸空，甚至生活困頓。這自然有重大的生存焦慮。使他對功名不能不在意。

第三個原因，是義山深情性格的投射。義山是多情而執著的詩人，其對國家、社會、親屬、朋友乃至大自然皆有深情。同樣道理，對自己的理想及賴以達成的功名，亦必寄予深情，朝斯夕斯，纏綿之久，則如春蠶作繭，自縛其中矣。

要負起政治的責任、發揮自己的抱負，以當時讀書人的環境來說，只有借助於功名。但是現實的環境，使他求不到較理想的功名。背負著責任與生存的焦慮，使他在失望中更渴望獲得，於是愈熱中於追求，不但爲責任、爲理想，甚至爲功名本身的吸引力，最後，幾乎爲追求而追求，而且纏綣於懷，不能自已，而形成功名情結。

肆、結　論

探討過義山詠柳之後，我們發現在內涵的沈潛、形式的巧妙、寄寓的深微的背後，有一個根源，一切的巧思與妙筆，都由此根源流衍而出。這個根源即是柳似義山，柔婉而多情。因此，義山對柳有特殊的感情，他把柳看成是自己的化身，一切的關懷、疼惜、歎惋都等於爲自己而發，因此：

一、他寫柳廣泛的使用擬人的筆法，他以「贈柳」、「謔柳」爲詩題，柳會爲斜陽寒蟬的秋景而悲淒，柳會斷腸，柳會作杏花媒，柳會迎人送人……簡直把柳寫成了有血肉、有感情的人。

二、義山寫柳內容更具體，用筆更深切，評價也不同。六朝詩人、唐朝其餘詩人寫柳以離別、相思爲題材時，大多朦朧、飄浮，很少寫出感情的細緻內涵。義山寫出了柳的念舊、助人，這實較僅以柳與別情、柳繫相思要深刻。至於對柳易於陷溺的勸諫，則是義山對自我性格的諫諍，因而用心不但細緻，兼且屈折。在修辭方面，義山好用美詞俊語去描寫柳，如「黃金縷」、「白玉花」、「娉婷」、「婀娜」等，使柳多彩多姿，形象不凡，這未嘗不是以此影射自己美好的才華。至於以柳比松、竹，提高柳在人們心目中的地位，如此評價更可看出詩人的別有用意。

三、義山詠柳寄寓最深切，唐人似無出其右。他以柳喻佳人、才士，也用以自喻。如果透過詩家常以佳人、才士自喻的習慣看來，說義山全以柳自喻，藉柳寫心亦無不可。自喻之中，又以柳之辛酸的遭遇寄託自己的一生落魄，因而呈露糾葛綢繆的功名情結爲最特殊，其中蘊含著義山的責任感、生存焦慮，及執著的深情。纖纖柳條，竟有如此繁複的負荷，要探討義山的心境，由詠柳詩入手，應爲一途。

如果拿其餘詩人詠柳之作與義山相比，大致可以說：其餘詩人，以我觀柳，我是我，柳是柳，詠柳的態度是客觀的，因此，保留柳的「原貌」較爲完整。義山則以我入柳，溶爲一體，我即柳，柳即我，因此，寫貌未免偏窄，寫心則較爲深切，自成一世界，是詩人藉物寫志的一個範例。

【附註】

註一　詩經，小雅，采薇：「昔我往矣，楊柳依依」。

註二　古人詠物詩中，關於松、竹、柳性格的描寫，可參考：黃永武，中國詩學思想篇，（台北，巨流圖書公司，民國六八年四月一版）頁二三—四七。

註三　朱長孺謂此詩乃「此冶遊所見之作，故曰暗記」。見其所注：李義山詩集（台北，學生書局，民國五十六年五月初版）卷上，頁三三。馮浩謂「柳璧入都應舉，義山代之作啓，詳文集，故作此暗記之。」見其所著：玉谿生詩集箋注（台北，漢京文化事業有限公司，民國七十二年十一月初版）頁五〇一，皆以爲此有寓意。

註　四　馮浩，玉谿生詩集箋注（台北，漢京文化事業有限公司，民國七十二年十一月初版）頁六四七。
註　五　程夢星，李義山詩集箋注（台北，廣文書局，民國七十年八月再版）卷上，頁十八。
註　六　朱偰，李商隱和他的詩，（台北，學生書局，民國七十一年二月三版），頁三六－三七。
註　七　繆鉞，詩詞散論，（台北，臺灣開明書店，民國四十五年十月臺二版），頁五七及六〇。
註　八　蘇雪林之說，見其所著：玉溪詩謎，（台北，商務印書館，民國六十九年五月臺三版）。
註　九　同註七。
註一〇　同註四附錄三。
註一一　屈復，玉溪生詩意，（台北，正大印書館，民國六十三年六月台一版），卷七，頁十三。
註一二　郭茂倩，樂府詩集，（台北，世界書局，民國五十六年十二月再版），卷二二，頁五－九。
註一三　全唐詩，（台北，明倫出版社，民國六十三年十二月再版），卷一百十四，頁一一六五。
註一四　同註一三，卷一百六十五，頁一七〇八。
註一五　同註一二，卷八十一，頁三楊柳枝序。
註一六　同註一三，卷二十八，頁三九八－四〇三。
註一七　同註二，中國詩學思想篇頁四。
註一八　同註四，頁二四二。
註一九　高越天，「李義山政治詩摘箋」，「中國詩季刊」，三卷二期，（民國六十一年六月），頁一一－九。
註二〇　孫甄陶，「李商隱詩探微」，「新亞學報」，四卷二期，（民國四十九年二月），頁一九〇－二一三。

重要參考書目

壹、專書類

李義山詩集　朱鶴齡注　學生書局　民國五十六年五月初版
玉溪生詩意　屈復箋註　正大印書館　民國六十三年六月台一版
李義山詩集箋注　程夢星刪補　廣文書局　民國七十年八月再版
玉谿生詩集箋注　馮浩箋注　里仁書局　民國七十年八月台三版
樊南文集詳注　馮浩注　中華書局　民國五十八年版
玉谿生年譜會箋　張爾田編著　中華書局　民國六十八年五月台二版
李商隱和他的詩　朱偰著　學生書局　民國七十一年二月三版
李義山詩偶評　黃侃評　學海出版社　民國六十三年十二月初版
李義山詩析論　張淑香著　藝文印書館　民國六十三年三月初版
中晚唐三家詩析論——李賀、李商隱與溫庭筠　方瑜著　牧童出版社　民國六十四年一月初版

李商隱研究　吳調公著　一九八二年出版
李商隱詩選　仁愛書局　民國七十三年三月版
李商隱評傳　楊柳著　木鐸出版社　民國七十四年七月初版
李商隱詩研究論文集　國立中山大學中文學會主編　天工書局　民國七十三年九月初版
十三經注疏　藝文印書館　民國五十四年六月三版
史記　司馬遷著　鼎文書局　民國七十年版
貞觀政要　吳兢著　河洛圖書館出版社　民國六十四年十二台初版
舊唐書　劉昫等著　鼎文書局　民國七十年版
新唐書　歐陽修、宋祈等著　鼎文書局　民國七十年版
資治通鑑　司馬光編著　明倫出版社　民國六十一年八月新版
史通通釋　劉知幾撰、浦起龍釋　世界書局　民國五十八年九月再版
二十二史箚記　趙翼撰　世界書局　民國六十一年二月七版
文史通義　章學誠著　國史研究室　民國六十一年四月初版
中國歷史研究法　梁啓超著　里仁書局　民國七十三年十月版
國史要義　柳詒徵著　中華書局　民國七十三年十月八版

國史大綱　錢穆著　商務印書館　民國六十七年十一月修訂五版

中國通史　傅樂成著　大中國圖書公司　民國七十三年十二月再版

中國史學史論文選集　杜維運、黃進興編　華世出版社　民國六十五年九月初版

四庫全書總目提要　永瑢等撰　商務印書館　民國六十年七月增訂初版

楚辭集註　朱熹注　新陸書局　民國五十五年八月再版

先秦漢魏南北朝詩　逯欽立輯校　木鐸出版社　民國七十二年九月初版

文選　蕭統編、李善注　藝文印書館　民國五十六年十月五版

古詩源　沈德潛編　新陸書局　民國六十年七月版

樂府詩集　郭茂倩編　世界書局　民國五十六年十二月再版

全唐詩　明倫出版社　民國六十三年十二月再版

唐宋詩舉要　高步瀛編注　民國五十三年三月初版

杜詩鏡詮　楊倫編輯　新興書局　民國五十九年十月一版

西崑酬唱集　楊億編　漢京文化事業公司　民國七十三年版

文心雕龍校證　王利器校箋　明文書局　民國七十一年四月初版

詩品注　汪中選注　正中書局　民國六十五年

文鏡秘府論　遍照金剛撰　蘭台書局　民國六十二年十二月再版
詩人玉屑　魏慶之編　世界書局　民國六十年七月三版
漁隱叢話　胡仔纂輯　廣文書局　民國五十六年六月初版
唐才子傳　辛文房撰　世界書局　民國五十九年十一月三版
唐音癸籤　胡震亨著　世界書局　民國五十九年十一月三版
詩藪　胡應麟著　正生書局　民國六十二年五月版
藝概　劉熙載撰　漢京文化事業有限公司　民國七十四年九月初版
詩比興箋　陳沆撰　藝文印書館
唐詩說　夏敬觀著　河洛圖書出版社　民國六十四年十二月台初版
歷代詩話　何文煥編　藝文印書館　民國四十五年版
續歷代詩話　丁福保編　藝文印書館　民國六十三年版
清詩話　丁福保編　藝文印書館　民國六十六年版
百種詩話類編　臺靜農編　藝文印書館　民國六十三年五月初版
中國文學發達史　劉大杰著　中華書局　民國五十七年十一月台四版
中國文學批評史　郭紹虞著　文史哲出版社　民國七十一年九月再版
中國文學史　葉慶炳著　弘道文化事業公司　民國六十七年版

迦陵談詩　葉嘉瑩著　三民書局　民國五十九年四月初版
中國文學欣賞舉隅　傅庚生　地平線出版社　民國六十一年五月三版
左思生平及其詩之析論　葉日光著　文史哲出版社　民國六十八年四月初版
文藝心理學　朱光潛著　開明書店
詩論　朱光潛著　正中書局　民國五十九年四月台三版
藝術的奧秘　姚一葦著　開明書店　民國七十二年一月九版
陳世驤文存　志文出版社　民國六十一年版
文學概論　洪炎秋著　華岡出版有限公司　民國六十八年十二月新一版
文學概論　王夢鷗著　藝文印書館　民國七十一年版
詩心　黃永武著　三民書局　民國七十二年二月五版
中國詩學設計篇　黃永武著　巨流圖書公司　民國六十五年六月一版
中國詩學鑑賞篇　黃永武著　巨流圖書公司　民國六十五年十月一版
中國詩學思想篇　黃永武著　巨流圖書公司　民國六十八年四月一版
美的範疇論　姚一葦著　開明書店　民國七十一年十二月二版
唐人絕句研究　黃盛雄著　文史哲出版社　民國六十八年七月初版
唐詩論叢　陳貽焮著　一九八〇年出版

中國文學論集　徐復觀著　學生書局　民國七十一年版
詩詞例話　周振甫著　長安出版社　民國七十二年十月初版
中國古典詩歌評論集　葉嘉瑩著　源流出版社　民國七十二年十月初版
詩與美　黃永武著　洪範書店　民國七十三年十二月版
中國詩歌研究　羅宗濤等著　中央文物供應社　民國七十四年版
比興物色與情景交融　蔡英俊　大安出版社　民國七十五年五月初版
修辭學　黃慶萱著　三民書局　民國六十八年十二月三版
詩學箋註　亞里士多德著、姚一葦譯註　中華書局　民國七十三年七月八版
文學論　韋勒克、華倫著，王夢鷗、許國衡譯　志文出版社　民國七十四年五月再版

貳、論文期刊類

李商隱燕台詩評述　勞榦　文學雜誌第一卷第一期　民國四十五年九月
「李商隱評論」所引起的問題　勞榦　文學雜誌五卷六期　民國四十八年二月
李商隱詩之淵源及其發展　勞榦　幼獅學報一卷二期　民國四十八年
李商隱詩探微　孫甄陶　新亞學報四卷二期　民國四十八年
李商隱之詩及其風節　曾克耑（香港）文學世界二十五期　民國四十九年二月

李商隱錦瑟詩考徵　鄭緒平　建設十一卷八、九、十期　民國五十二年一、二、三月

李義山無題詩十五首考釋　湯翼海　民主評論十四卷六、七、九、十一期　民國五十二年三、四、五、六月

平質蘇雪林玉溪詩謎　湯翼海　暢流三四卷三期　民國五十五年九月

李商隱詩評析　劉若愚　清華學報新七卷二期　民國五十八年八月

略論李義山的詩　葉嘉瑩　幼獅文藝三一卷六期　民國五十八年十二月

義山詩的傷時與自傷　孫克寬　東方雜誌三卷九期　民國五十九年三月

論詩小札——與劉若愚教授論李商隱無題「詩書」　周策縱　大陸雜誌四一卷十二期　民國五十九年十二月

讀李商隱詩偶拾　李漁叔　中華詩學四卷四期　民國六十年三月

李商隱詩中的視覺意象　姚一葦　中華文化復興月刊四卷五期　民國六十年五月

試論義山詩　呂興昌　現代文學四三期　民國六十年五月

再論李商隱「無題」詩答徐復觀先生　周策縱　大陸雜誌四三卷四期　民國六十年十月

李商隱作品之評價　顧翊羣　中華詩學六卷二期　民國六十一年一月

李義山政治詩摘箋　高越天　中國詩季刊三卷三期　民國六十一年六月

李義山其人其詩　宜珊　今日中國十七期　民國六十一年九月

李商隱　劉中龢　文藝四十期　民國六十一年十月
李商隱詩的境界　劉若愚著、方瑜譯　幼獅三七卷一期　民國六十二年一月
李商隱詩的用語　劉若愚著、方瑜譯　幼獅三八卷一期　民國六十二年七月
錦瑟詩與茵夢湖的心境和詩情　李少白　幼獅月刊四一卷六期　民國六十四年六月
論李義山詩　繆鉞　中國詩季刊七卷一期　民國六十五年三月
義山絕句選評　高越天　夏聲月刊一三七期　民國六十五年四月
從落花詩談李商隱凄迷的身世　汪中　華文世界第六期　民國六十五年四月
自月意象的嬗變論義山詩的月世界　陳器文　中外文學五卷二期　民國六十五年七月
讀李商隱無題詩　林宏作　中外文學五卷十期　民國六十六年三月
談六朝詠史詩的類型　齊益壽　中華文化復興月刊十卷四期　民國六十六年四月
試論李義山詩的用典　沈秋雄　中華文化復興月刊十卷四期　民國六十六年四月
李商隱的詠史詩　方瑜　中外文學第五卷十一、十二期　民國六十六年四、五月
義山七絕的用意、抒情與詠史　張夢機　幼獅月刊四六卷一期　民國六十六年七月
比較與翻案——論義山七律末聯的深一層法　陳文華　中華文化復興月刊十一卷二期　民國六十七年二月
試闡李商隱的四首絕句——人仙之間一段情　陳祖文　中外文學六卷十二期　民國六十七年五月

李義山詩多用仙典試解　簡翠貞　新竹師專學報五期　民國六十八年五月
從美感經驗說試探義山詩　歐陽炯　東吳大學中國文學系系刊六期　民國六十九年六月
李義山詩中的蓮　羅宗濤　東方雜誌復刊十六卷六期　民國七十一年十二月
碧海青天夜夜心——試評析李商隱「嫦娥」詩　張綺雲　東海文藝第十期　民國七十二年十二月
李義山的景物詩　簡翠貞　新竹師專學報十二期　民國七十四年
李義山寫無題「相見」詩試析　吳福相　大漢學報第六期　民國七十四年七月
李義山的「藥轉」詩　雪林　東方雜誌復刊十九卷四期　民國七十四年十月
李商隱「落花」詩探徵　徐志平　中國語文五八卷一期　民國七十五年一月
李義山的詠史詩　黃盛雄　古典文學第九集　民國七十六年四月

李義山詩意象之研究　朴柱邦　政大中研所碩士論文　民國六十七年
李商隱及其詩研究　朴仁成　師大國研所碩士論文　民國七十四年
李商隱詠史詩探微　韓惠京　文化大學中研所碩士論文　民國七十六年
六朝詠懷組詩研究　李正治　師大國研所碩士論文　民國六十九年